基于标准的教师教育教材（语文） 丛书主编 ⊙ 李斌辉

基于语文课程的综合性学习

JIYU YUWEN KECHENG DE ZONGHEXING XUEXI

陈 斐 ◎ 编著

广东高等教育出版社
Guangdong Higher Education Press
·广州·

图书在版编目（CIP）数据

基于语文课程的综合性学习/陈斐编著. —广州：广东高等教育出版社，2018.7

［基于标准的教师教育教材（语文）］

ISBN 978－7－5361－5823－8

Ⅰ.①基… Ⅱ.①陈… Ⅲ.①中学语文课－教学研究－高等学校－教材 Ⅳ.①G633.302

中国版本图书馆 CIP 数据核字（2017）第 006390 号

出版发行	广东高等教育出版社
	地址：广州市天河区林和西横路
	邮政编码：510500　电话：(020) 87553735
	http://www.gdgjs.com.cn
印　刷	佛山市浩文彩色印刷有限公司
开　本	787 毫米 × 1 092 毫米　1/16
印　张	12.25
字　数	245 千
版　次	2018 年 7 月第 1 版
印　次	2018 年 7 月第 1 次印刷
定　价	29.00 元

总　　序

"基于标准的教师教育教材（语文）"丛书由四本教材组成，分别为《职前语文教师专业发展》《语文课程标准与教材分析》《中学语文教学设计》《基于语文课程的综合性学习》。

这是一套反映语文课程与教学论团队长期教学改革、科学研究成果的教材。这套教材的作者均为岭南师范学院文学与传媒学院语文课程与教学论的教师。长期以来，这个团队致力于语文课程与教学论的教学科研，取得了丰硕的成果。近5年来，团队在《课程·教材·教法》《中国电化教育》《教育发展研究》等刊物发表论文100多篇，出版专著和教材10部，主持湛江市哲学社会科学项目、广东省哲学社会科学项目、广东省教育科学课题、广东省高等教育改革项目、广东省高等教育教学成果培育项目共10项。团队成员中有校级教学成果奖、广东省高等教育教学成果奖、湛江市哲学社会科学优秀成果奖、广东省哲学社会科学优秀成果奖获得者，3人曾被评为广东省高等学校"千百十人才培养工程"校级人才培养对象。2013年，"中学语文教学设计"被评为广东省精品资源共享课程；2014年，岭南师范学院"语文课程与教学论团队"被评为广东省省级教学团队。

教育部于2011年颁布教师教育课程标准，2012年颁布各级教师的专业标准。两个标准成为指导教师教育，包括职前教师教育的纲领性文件。前者对如何培养职前教师提出了要求，后者对职前教师教育机构培养什么样的教师做出了规定。整套教材紧扣两个标准，力求始终贯穿两个标准的内涵。需要说明的是，岭南师范学院文学与传媒学院从2005年开始，将传统的教师教育课程"语文课程与教学论"进行分解、整合，开发出一系列课程，如"职前语文教师专业发展""语文课程标准和教材研究""中学语文教学设计""语文教师专业技能训练"等课程，这些课程涉及培养师范生专业思想、专业知识、专业能力，且课程在4年中不断地开设，打破了以往传统课程结构和培养方式，突出培养未来语文教师的职业能力和专业素养。实践证明，这样的改革对职前语文教师培养效果明显。令我们高兴的是，这种改革竟与后来的《教师教育课程标准（试行）》的精神和具体要求不谋而合。标准颁布后，我们又依据标准对课程内容和教学方式方法进行了完善。

这是一套定位于语文教师职前培养、适用于语文教师资格证报考者的教材。师范院校是教师成长的摇篮。以往师范生一毕业就直接认证获得教师资格，到2011年这种局面被改变。2011年，全国教师资格政策发生重大变化，由以前的各省自主组织考试改为全国统考，同时《中小学和幼儿园教师资格考试标准（试行）》也颁布。根据试点省份来看，师范生通过全国统考的比例还是高于非师范专业的考生。但教师资格证全国统考制度实行后，师范院校面临着挑战，甚至是一种"危机"。如何保证师范生既能形成专业素养，又能顺利地通过教师资格证全国统考，成了师范院校必须考虑的问题。正是基于这个问题，我们在编写这套教材时，对中学教师资格考试的考试标准以及初中语文教师资格考试大纲进行了仔细的研读，将标准和大纲的要求、考点都尽量包含于教材之中，试图做到学习这套教材，就是在准备初中语文教师资格考试的全国应考。我们充分相信这套教材在这方面的作用是能够得到体现的。

我们编写本套教材的目的是：在实行《中学教师专业标准（试行）》《教师教育课程标准（试行）》，以及在教师资格证全国统考制度背景下，汉语言文学专业的师范生通过学习、使用这套教材，能够形成初中语文教师的基本专业素养，顺利通过初中语文教师资格考试。初衷是美好的，我们也为此做了最大的努力，但是由于编著者学识、水平和视野有限，这套教材肯定存在着很多不足和问题，敬请广大读者批评指正。

"基于标准的教师教育教材（语文）"丛书的编著者分别是：李斌辉教授（《职前语文教师专业发展》）、杨泉良教授（《语文课程标准与教材分析》）、周立群教授（《中学语文教学设计》）、陈斐副教授（《基于语文课程的综合性学习》），丛书主编为李斌辉。

李斌辉

2016年2月22日

前　言

本书共分五章。

第一章，综合性学习概论。由于语文课程标准并没有对综合性学习做出明确的定义，因此综合性学习的概念还存在认识的分歧。有学者认为，综合性学习是一种课程形态；也有学者认为，综合性学习是一种学习方式；还有学者认为，综合性学习是一种教学形态。本书基于语文课程的角度探讨综合性学习的内涵及实施。基于语文课程的综合性学习是一种立足于语文课程基础之上，以语文课程标准为引领，以语文课程的内部整合为基点，强调语文课程与其他课程的整合，强调语文学习与生活的整合，强调语文学习与实践的整合，强调多种学习方式的整合，以促进学生语文素养的整体推进和协调发展的课程形态。综合性学习不是一种静态的课程显现，而是教学过程中对课程的动态的呈现与建设。基于语文课程的综合性学习，并不是因为主张综合性与开放性就否定"语文性"，这当中没有非此即彼的关系。综合性学习的基本特征为综合性、实践性、自主性。

第二章，基于语文课程的综合性学习之目标体系。综合性学习的活动目标与一般的语文教学目标有何异同？如何恰当地设计综合性学习的活动目标？活动目标的设计如何与语文课程标准建立起联系？这是本章着力探索的问题。语文课程目标根据知识和能力、过程和方法、情感态度和价值观三个方面设计。三个方面相互渗透，融为一体，且各个学段相互联系，螺旋上升，最终全面达成总目标——语文素养的整体提高。课程标准对综合性学习的目标界定同样体现了三维目标的整合。基于语文课程的综合性学习以学生语文素养和综合能力的协调发展和整体推进为目标，体现了能力多元化特征。基于语文课程标准的综合性学习，其活动目标设计的基本策略是：第一，明确导向性，分解课程目标；第二，围绕语文性，抓住语文基点；第三，展现梯级性，搭建训练系统；第四，突出专题性，保障探究空间。

第三章，基于语文课程的综合性学习实施的基本程序和方式。从实施综合性学习的一般过程来看，一项完整的探究活动大致要经历五个阶段：确定主题—制定方案—探究实践—展示结果—总结。综合性学习活动主题的来源，既可以依据教材单元的安排，又可以是语文课程与其他课程的内容组合，还可以是学生所接触的社会生活、科技生活、家庭生活、学习生活、经济活动、旅游资源、民俗民风、民族文化、民族音乐、民族建筑等。这其中，要突出师生、课本在资源开发中的地位，不能舍本逐末大搞非语文活动设计。综合性学习实施的基本方式主要有讲座式、资料查阅式、人物访谈式、阅读欣赏活动式、调查研究式、综合表达式等。活动主题的选择以及活动方案的制定都要由全体或相关学生讨论决定，教师只能给予适当的点拨、指导。探究实践是综合性学习课型中的重要阶段，其基本形式就是围绕当次综合性学习的主题，学生以小组或个人为单位展开某一方面的探究实践活动。活动小组的组合以"组间同质、组内异质"为原则，尽量在性别、兴趣、能力、学习成绩等各方面合理搭配。展示阶段的基本特点是在教师的策划和组织下，围绕当次综合性学习主题，各个小组或个人用口头、书面、实物或表演等形式依次展示小组或个人所承担的探究任务的探究成果。总结阶段是对综合性学习过程及效果的反思检讨。在综合性学习展示课结束之后，教师要引导学生及时进行总结、交流，与同学们一起分享活动以后的收获。本章对语文综合性学习实施的五个阶段的基本操作和基本方式进行了详细介绍，并辅以案例说明。

第四章，基于语文课程的综合性学习的实施现状及策略。本章对综合性学习实施现状的描述主要有两个角度：基于教材本位和基于教师角度。所谓教材本位的综合性学习设计，简单地说就是将综合性学习内容教材化，也就是按照语文课标中关于综合性学习的目标和要求将综合性学习编入语文教材中，具体表现为教材所呈现的语文实践性活动设计方案。基于教师角度的综合性学习设计，指的是语文教师在具体教学实践中对综合性学习的认识、设计和组织相关的综合性学习活动。我们可以看到，综合性学习对于长期习惯于传统的课程观念和教学模式的教师来说，是对其知识结构、教学能力提出了巨大的挑战。综合性学习不再囿于传统观念中的单科"语文"学习，它涉及开发、利用语文课内外课程资源，注重学科之间的相互渗透，注重学生在学习过程中的参与程度、合作态度、探究精神、创新意识、情感倾向等特点。现行综合性学习实施的常见问题，主要是来自语文教师的局限：专业知识结构落后，组织引导能力欠缺，开发课程资源能力不足，评价设计的欠缺。当然，现行语文教材关于综合性学习的内容方面也存在不当：活动探究空间狭小，活动设计欠缺系统性，内容取向偏重文化性和思想性。据此，基于语文课程的综合性学习实施的基本策略：一是要妥当开发课程资源，包括充分发挥教材资源、迁移课外资源、突出师生资源、挖掘地方特色资源；二是妥善处理教师指导与学生自主的关系。

第五章，基于语文课程的综合性学习的评价。综合性学习中的评价是综合性学习课程评价的一个重要组成部分，是整个综合性学习活动的重要环节，同时它渗透到综合性学习活动的每一个环节。许多一线教师表示，不知道如何评价综合性学习，无法把握语文综合性学习的评价，导致许多学校综合性学习开展困难，综合性学习面临"名存实亡"的危险。基于语文课程的综合性学习需要什么样的评价？什么样的评价才能实现综合性学习的目标？综合性学习的教学相较于阅读、写作教学而言，有其特别的规定和局限性，尤其在师生教和学的行为方面，其特殊性更为鲜明。因此，谈综合性学习的教学评价不能回避活动中的师生行为问题。综合、实践、师生行为，这是评价综合性学习教学的三个必然视角。语文综合性学习主要指向以下具体目标：语文知识的综合运用、听说读写能力的整体发展、语文课程与其他课程的沟通、书本学习与实践活动的紧密结合；强调合作精神，培养学生策划、组织、协调和实施的能力；突出学生的自主性，重视学生主动积极的参与精神，主要由学生自行设计和组织活动，特别注重探索和研究的过程；提倡跨领域学习，与其他课程相结合。语文综合性学习评价应当遵循以下原则：发展性原则，过程性原则，开放性原则。鉴于综合性学习的考评现状，基于语文的综合性学习必须改进考核内容和方式。综合性学习是在活动中完成的，其考查的重点是学生在活动过程中的语文能力和语文素养。同时，综合性学习应当实施多元互动的评价策略。

具体内容，见于正文。

编 者

2017 年 6 月

目录 MULU

第一章 综合性学习概论

第一节 综合性学习概述 …………………………………… 2
一、综合性学习提出的必然性 ………………………………… 2
二、综合性学习的意义 ………………………………………… 4
三、综合性学习的界定 ………………………………………… 6
四、综合性学习相关概念辨析 ………………………………… 8

第二节 综合性学习的基本特征 ………………………… 10
一、综合性 ……………………………………………………… 10
二、实践性 ……………………………………………………… 13
三、自主性 ……………………………………………………… 14

第二章 基于语文课程的综合性学习之目标体系

第一节 基于语文课程的综合性学习目标的描述 ……… 18
一、义务教育阶段的语文综合性学习目标设定 …………… 18
二、普通高中阶段的语文综合性学习目标设定 …………… 20

第二节　基于语文课程的综合性学习目标的分析 …………… 21
　　　　一、基于语文课程的综合性学习的目标维度 ……………… 21
　　　　二、基于语文课程的综合性学习目标的特征 ……………… 27
　　第三节　基于语文课程的综合性学习目标的整合策略 ……… 33
　　　　一、明确导向性，整合课程目标 …………………………… 33
　　　　二、围绕语文性，抓住活动基点 …………………………… 37
　　　　三、展现梯级性，搭建训练系统 …………………………… 37
　　　　四、突出专题性，保障探究空间 …………………………… 38

第三章　基于语文课程的综合性学习实施的基本程序和方式

　　第一节　基于语文课程的综合性学习实施的基本程序 ……… 45
　　　　一、确定主题 ………………………………………………… 45
　　　　二、制定方案 ………………………………………………… 46
　　　　三、探究实践 ………………………………………………… 53
　　　　四、展示成果 ………………………………………………… 56
　　　　五、总结 ……………………………………………………… 58
　　第二节　基于语文课程的综合性学习实施的基本方式 ……… 69
　　　　一、资料查阅式 ……………………………………………… 69
　　　　二、人物访谈式 ……………………………………………… 71
　　　　三、阅读欣赏式 ……………………………………………… 72
　　　　四、调查研究式 ……………………………………………… 78
　　　　五、综合表达式 ……………………………………………… 81

第四章　基于语文课程的综合性学习的实施现状及策略

　　第一节　教材本位综合性学习的基本描述 …………………… 88
　　　　一、教材本位综合性学习的基本内容 ……………………… 88
　　　　二、教材本位综合性学习的呈现方式 ……………………… 91
　　　　三、教材本位综合性学习内容方面存在的问题 …………… 91
　　第二节　基于教师角度的综合性学习实施的基本描述 ……… 96

一、语文教师专业知识结构落后 …………………………… 97
　　二、语文教师组织引导能力欠缺 …………………………… 101
　　三、语文教师开发课程资源能力不足 ……………………… 102
　第三节　基于语文课程的综合性学习实施的基本策略 ………… 105
　　一、妥当开发课程资源 ……………………………………… 105
　　二、妥善处理教师指导与学生自主的关系 ………………… 118

第五章　基于语文课程的综合性学习的评价

　第一节　综合性学习评价的基本内涵 …………………………… 147
　　一、综合性学习评价的定义 ………………………………… 147
　　二、综合性学习评价的基本要素 …………………………… 148
　　三、基于语文课程的综合性学习评价的原则 ……………… 155
　第二节　基于语文课程的综合性学习评价的现状 ……………… 157
　　一、基于语文课程的综合性学习教学样式的评价 ………… 157
　　二、基于语文课程的综合性学习的学业评价 ……………… 158
　　三、基于语文课程的综合性学习评价存在的问题 ………… 165
　第三节　基于语文课程的综合性学习的评价策略 ……………… 169
　　一、综合性学习活动过程的评价操作 ……………………… 169
　　二、综合性学习考核试题的操作 …………………………… 176

参考文献 ………………………………………………………………… 180

第一章
综合性学习概论

▶ **本章学习目标**
（1）了解综合性学习的意义。
（2）理解综合性学习的含义。
（3）明确综合性学习的基本特征。

▶ **本章核心概念**
综合性学习　语文课程　综合性　实践性　自主性

▶ **导入案例**

某教师在"笑对人生"这一综合性学习活动中安排了以下活动：

1. 积一批名言

利用图书馆和网络，分挫折、宽容、合作三个专题搜集一些名言，然后与同学交流，并有选择地背下来。

2. 唱几首老歌

想一想有哪些歌的歌词曾给你无尽的力量，曾给你深刻的启示，曾让你铭记不忘，把这些歌唱出来，把经典的歌词也记下来。

3. 读几部名人传记

读《贝多芬传》《梵·高传》《居里夫人传》《伟人爱迪生》《周恩来》《诺贝尔传》《毛泽东传》《海明威传》《达尔文传》《爱因斯坦传》等名人传记，感受名人的智慧，汲取名人成长过程给自己带来的精神养料。

4. 写一则座右铭

请你写一则座右铭，告诫、激励自己，思考要深刻，要有哲理。

5. 开一次专题演讲会

在"面对失败""善待他人""真诚合作"中任选一个专题，写好演讲稿，并开一次专题演讲会。

提问：这是综合性学习吗？综合性学习的特征是什么？

第一节 综合性学习概述

一、综合性学习提出的必然性

（一）未来社会对人才发展的需求

20世纪90年代以来，世界各国、各地区课程改革呈现出的共同趋势是追求课程的综合化，倡导课程向儿童经验、向生活回归。从各个国家的课程结构来看，综合课程或实践课程都力图实现所有课程的整合，其目标是培养个性健全的人，视学生为"完整的人"，把"探究性""创造性""发现"等视为人的本性。课程的综合化趋势在本质上是课程价值观的深层变革。分科主义课程体系是18世纪启蒙运动以来的产物，它追求"工具理性"，把人与其生活于其中的世界割裂开来，倡导对世界的有效控制；它把学科文化强化为"精英文化"，并将它与"大众文化"割裂开来，这实际上是强化了少数人的利益，最终导致学生人格的片面发展。当今时代是一个知识经济迅猛发展、信息爆炸式传播、经济全球化、科技创新、网络资源被广泛利用的时代，是东西方文化激荡、融合的新世纪，是人与自然相协调的可持续发展的新世纪。时代的发展变化必然对人才和教育提出全新的要求，复合型、合作型、个性化、创造型的人才成为时代所需。个体的适应能力、创造能力和实践能力成为社会对人才考核的必备范围。人们对教育的要求不再是以获取知识为重点，人们要求教育提供个体发展的广阔空间，提供高效率认知新事物、获取新知识的方法和科学的思维方式。因此，课程的综合化就成为必然。基于语文课程的综合性学习，正是当今世界课程综合化趋势的具体体现。

（二）教育理论发展的必然

19世纪末20世纪初，以杜威为代表的实用主义教育者，把教育与社会生活联系起来，提出"儿童中心论"、实验"活动课程"。以布鲁纳为代表的认知心理学家，真正地从学生"学"的角度研究教育的问题，提出了"发现学习"。20世纪中期兴起的人本主义教育观认为，教育是为学生个人的自由发展提供服务的，提倡学生在受教育过程中自我选择、自我设计、自我奋斗，最终达到自我实现。后现代课程观认为课程就是教师与学生共同参与探究，一起探索其所不知道的过程，从而实现认识领域的拓展和延伸，而不是教师向学生传递教师所知的过程。联合国教科文组织国际教育发展委员会提出的"终身学习""全人发展"等思路，在时间和空间两个维度上，加强教育和实际生活的联系，把教育从学校延伸到家庭乃至整个社会和人的一生。20世纪80年代，美国哈佛大学心理学家加德纳教授提出了著名的多元智能理论。在加德纳看来，智力是一种或一组个人解决问题的能力。智力是以组合的方式存在的，每个人都是具有多种智力组合的个体，而不是只拥有单一的，用纸笔测验可以测出解答问题能力的个体。根据多元智能理论，几乎每个人都是聪明的，但聪明范畴与性质却呈现出个体差异，人人各不相同。多元智能理论的重要性，在于只要给予适当的鼓励、机会、环境和教育，几乎每个人的各种智能特别是其中的特殊才能，均能得到高度的发展，而且远远超出我们所预期的境界。

这些教育理论都为综合性学习的有效实施提供了良好的思路。综合性学习的教育理念正是在不断吸取不同教育理论的基础上得以发展和完善的。

（三）语文学科的听说读写活动需要综合性学习统领融合

语文学科自身的特点决定了语文课程内部必须加强整合。在内容上，语文学科整合了语言、文字、逻辑、修辞、文学等诸多支撑性学科知识，还涵盖了文、史、哲、数、理、化等社会科学和自然科学各个方面的知识，可谓包罗万象。在功能上，语文是人与人之间相互交流、沟通的主要工具，也是人们用来记录世界、认识和改造世界的重要工具，它还承载着传承人类科学、文化信息和价值内涵，影响、建构人的精神世界的重大作用。在课程目标方面，语文课程的基本任务是致力于学生的语文素养的形成与发展。从情感态度价值观的方面来看，语文侧重于培养学生学习语文的兴趣和习惯，热爱祖国语文的思想感情，提高学生的品德修养和审美情趣，培养学生良好的个性和健全的人格；从过程与方法的方面来看，语文注重培养学生在语文学习过程中的方法、策略，以及语文学习过程中的体验与反思；从知识与技能的方面来看，语文注重培养学生正确地理解和运用语文，丰富语文的积累，发展学生的思维，培养学生的识字与写字能力、阅读能力、写作能力、口语交际能力。这不是三个并列的内容，也不是三个方向，而是相互渗透、相互交融，整体推进。

长期以来，我国语文教学处于一种相对封闭的状态：语文教学空间往往局限在封闭的课堂上，以教材为对象，以接受为方法，以考试为目标。语文课本是主要甚至是唯一的教学信息源，语文教师是唯一的教学信息传递者，教室是单一的教学信息交流场所。这些现实都是有悖于语文课程的基本特点的。语文是一门综合性、实践性、应用性很强的课程。可以说，语文的外延与生活的外延相等，语文学习的空间十分广阔，语文能力的形成渠道非常宽广。语文教育的目标、内容、方法都要以学生的现实生活为依据。因此，语文课程应拓宽语文学习和运用的领域，注重跨学科的学习，使学生在不同学科内容和学习方法的相互交叉、渗透和整合中开阔视野，初步获得现代社会所需要的语文实践能力，提高听说读写能力。

二、综合性学习的意义

（一）综合性学习为学生语文素养的养成开辟了更多的途径和更大的空间

学生的语文学习主要通过两个渠道：一是课堂教学，即以学习教材为主要形式，以学习语文知识和培养语文基本能力为主要内容；二是课外实践活动，即以体验学习和自主活动为主要形式，以学习直接经验和获取综合性信息为主要内容。两者都应以培养学生的语文素养为主要目标。因此，课堂教学和课外实践活动是语文学习的"两翼"，两者相辅相成，既有紧密的联系，又有相对的独立性，不能互相替代。过去的语文教学，主要围绕课堂教学展开语文学习，学生的语文素养多半在课堂"言说"和课外"做题"中形成，忽略了学生的语文素养还需要在充分"践行"和广泛"习得"中形成这一必要环节。

语文课程应构建一个开放的语文学习世界，打通课堂生活与社会生活的通道，让学生有充分的"习得"机会。因此，开展综合性学习，是沟通课内外联系、实现语文课堂教学和课外活动整体优化的关键。综合性学习使语文课程呈现出广阔而多维的空间。它把语文课程带入历史文化、人类生活的背景中，带到自然世界、科学世界、自我世界和社会实践中，带到与其他学科进行纵横联系的视野中。这样，综合性学习不仅能够促进学生的听说读写等多种语文能力的整合，而且使语文学科与其他学科课程相沟通，这就为语文学科渗透科学教育、加强人文教育以及教育整合提供了课程保障，为学生的语文综合素质的提高和语文素养的全面养成开辟了更多的途径和空间。学生的探究发现、大胆质疑、调查研究、实验论证、合作交流、社会参与、社区服务等作为重要的发展性教学活动，将吸纳到语文课程的实施中来。

以往的学科教学注重的是知识的传承，采用的是被动接受式的学习方式，学生无须寻找自己需要的资料与信息，从而导致学生搜集信息、利用信息的意识淡漠、能力薄弱。综合性学习以学生的兴趣和直接经验为基础，以关注与学生生活密切相关的问题为内容，或以关注与社会生活实际密切相关的课题为内容，如环保问题、健康问题、社区建设问题、社会治安问题等，引导学生对这些问题进行观察和研究。综合性学习以自主、合作、探究为基本学习方式，它要求教师引导学生按自己的兴趣爱好提出学习和生活中的问题，然后让学生以个人或小组为单位，一起进行讨论研究与实践，共同完成一项有趣的语文活动，抑或共同通过课内外阅读、观察和调查，收集资料，并综合运用语文知识和能力来分析、解决问题。综合性学习活动使学生在掌握信息收集方法、调查方法、归纳方法与思考方法的同时，逐渐形成创造性地探究事物和解决问题的兴趣和态度，并培养学生的问题意识、合作意识、搜集处理信息的能力、社会责任感等，进而实现学生语文素养的深层积淀。

（二）综合性学习有利于教师素养的提高

综合性学习领域涉及面广，吸纳信息量大，对语文教师素养的要求极高，因此，它将极大地推动语文教师素养的提升。

综合性学习的学习方式和实施操作，是对传统"授—受"教学方式的突破，需要语文教师建立相应的教师观、学生观和评价观，这就必然促使语文教师加强教育理论的学习与研究，梳理自我教育观念，通过综合实践活动的开展，不断充实自己，提高自己，实现教师角色的转变。此外，教师在综合性学习活动中的地位和作用，活动的组织类别和形式，指导的方法和要求等，都需要通过理论研究和实践探索掌握规律，以不断提高自身的指导能力和工作效率。并且，综合性学习的设计不同于传统的教学备课，它不仅促使教师主动阅读，尽可能涉猎各类知识，不断扩大个体的知识视野，同时促使教师走出书斋、走出课本、走进社会、深入生活进行调查研究，获取大量的第一手资料和亲身体验，以掌握指导学生综合性学习的主动权。

三、综合性学习的界定

从课程设计的角度看,识字与写字、阅读、写作(写话、习作或作文)、口语交际和综合性学习作为语文课程的五个方面或五个领域,既是语文课程的构成要素,也是课程意义上的语文教学环节,它们都是语文课程实施必不可少的课程板块或学习环节。可见,综合性学习是构成语文课程结构的一个重要方面、领域或板块,与"识字与写字""阅读""写作""口语交际"等四个方面、领域一样,成为语文课程结构的组成部分,是语文学习的一个重要环节。这就意味着,语文课程实施可以落实为识字课、写字课、阅读课、写作课和口语交际课等相对单一的分析性学习课堂形态,以及以识字与写字为基础的综合性学习课、以阅读为基础的综合性学习课、以写作为基础的综合性学习课或以口语交际为基础的综合性学习课,以及识字与口语交际组合课、阅读与写作组合课、阅读与口语交际组合课等多种组合式的综合性学习课堂形态。

关于综合性学习的内涵,由于语文课程标准并没有对其做出明确的定义,因此综合性学习的概念还存在分歧。目前我国学者对综合性学习的概念主要有以下几种理解:有学者认为,综合性学习是一种课程形态;另有学者认为,综合性学习是一种学习方式或学习形态;也有学者认为,综合性学习是一种教学形态。应当注意的是,国内有不少学者、教师将综合性学习定位为"语文综合性学习",认为语文学科内设置的综合性学习必然要姓"语",必然要突出其语文性。综合性学习成为语文学科领域内的综合性学习,这是违背综合性学习本意的理解的。

"综合"一词包容性极强,它可以将不同角度、不同范畴、不同层次和不同维度的概念、事物、属性统合在一起。综合性学习是不同领域内容的交叉,它打破了以往每个学科只管自己的"一亩三分地"的局面。综合性学习作为一种相对独立的课程组织形态,超越了传统单一学科的界限,以单元的形式将活动课题按照水平组织的原则统合起来,通过学生主体对问题的探索、解决,有机地将课内与课外、校内与校外、理论与实际、知识与经验结合起来,以提高学生的综合素养。语文课程标准把综合性学习作为课程内容的五个板块之一和识字与写字、阅读、写作、口语交际并列。这个板块的设置有利于强化教师引导学生在生活中学语文、用语文的意识,是对以往语文教学"以教材为本"的矫正,体现了一种全新的课程理念。虽然综合性学习和识字与写字、阅读、写作、口语交际等课程内容板块并列出现,但实际上它是对识字与写字、阅读、写作、口语交际等内容板块的发展、延伸、拓展和整合，将以往各自独立的听、读、说、写活动有机融合，将以往机械识记的学习方式转变为多种学习方式的综合运用，强化语文教学的综合实践性，加强校内外、课堂内外的联系，把单一的课堂教学扩展至社会生活实践，增强学生真实的生活体验，使学生更好地全面建构知识与技能，促进学生语文素养的全面发展。

本书对综合性学习的研究定位是基于语文课程的角度探讨综合性学习的内涵及实施，基于语文课程的综合性学习是一种立足于语文课程基础之上，以语文课程标准为引领，以语文课程的内部整合为基点，强调语文课程与其他课程的整合，强调语文学习与生活的整合，强调语文学习与实践的整合，强调多种学习方式的整合，以促进学生语文素养的整体推进和协调发展的课程形态。课程应包括课程目标、课程内容、课程计划、学生的体验过程、教师、教材、环境等要素。语文课程标准没有对语文综合性学习做明确界定，但课程的基本理念、阶段目标、教学建议、评价建议等几大部分均包含综合性学习的相关描述，从这些描述不难看出综合性学习具备的课程基本要素。语文课程标准的这些相关描述已远远超出了"学习方式"涵盖的视域。基于语文课程的综合性学习没有规定的、统一的教材，它的学习内容和学习方式是因时、因地、因人制宜。在教师的指导下，学生可根据兴趣和疑问去自由选择活动学习课题。学生不仅要读书，还要到自然界和社会中去观察，去调查，并利用图书馆、网络等信息渠道获取资料。基于语文课程的综合性学习不是个体的、再现式的学习，而是群体的、探究性的学习，这种学习强调"整体推进和协调发展"，注意培养学生策划、组织、协调和实施的能力。可见，综合性学习不是一种静态的课程显现，而是教学过程中对课程的动态的呈现与建设。

综合性学习这一概念的含义是多层级的，可以分为三个层次。

第一个层次是以语文课程的内部整合为基点，即通常所说的"语文性"。这一层次既可以是课堂教学中关于语言、文学的综合性学习，或者是以主题为引导的听说读写的综合性学习；又可以是体现在课堂以外的语言、文学方面的学习活动或专题探究活动，其活动的重心是促进学生语言综合能力的发展。

第二个层次是跨学科整合，即语文课程与其他学科课程的整合。语文课程内容与其他学科课程内容互相交融整合，在学习内容上，不再拘泥于语文学科；在方法途径上，借鉴其他学科的学习方法。

第三个层次是泛学科整合，指的是语文作为工具在综合实践活动中的运用。综合实践活动是基于生活实践领域而非学科领域的高度综合的课程，它以学习者的直接经验为基础，密切联系学生的自身生活和社会生活，体现了对知识的综合运用。从表面上看，综合性学习对语文学科性的突破，看似使语文学习退隐了，实际上，综合性学习中各类学习实践活动都需要语文，都是以语文作为工具。

基础教育课程改革的一大目标是打破学科课程的孤立，加强综合课程，走向课程类型的多样化。综合性学习在其中起连接建设的作用。综合性学习具有生成性和开放性的特点，如果仅仅局限于第一层次"语文性"，那么语文教学依然囿于语文教材、囿于语文学科。基于语文课程的综合性学习，并不是因为主张综合性与开放性就否定了"语文性"，这当中没有非此即彼的关系。在综合性学习的实施和综合课程的建设中，各门课程都应担当应有的责任并走向融合，尤其是语文课程是应最先进行的。语文学科在联系多学科、实施综合性学习方面具有极大的优势。而语言的学习只有在各个学科的学习甚至综合学习的运用中才能实现。语文本身就是"人类交际的工具""学习其他课程的工具"，只要有综合实践活动存在，就离不开语言，更何况学习活动。综合性学习的任何一种模式，自始至终都应当充满语言活动，有效地倾听、交流、阅读、写作是综合性学习活动的基本因素。综合性学习涉及其他领域的内容，对语文课程而言，是寻找一个途径或载体，搭建一个语文应用的活动平台，在进行跨学科学习、观照社会现实问题及问题解决过程中，强化语文实践能力的发展，这本身也是基于语文课程的综合性学习的主要追求。

四、综合性学习相关概念辨析

（一）综合性学习与活动课程的辨析

虽然综合性学习的开展要涉及众多学科内容，但是综合性学习是在语文课程体系学习中展开的，依据语文课程的基本内容而存在，所开展的活动内容主要与语文相关，其出发点和着眼点都应致力于学生语文素养的形成与发展，对学生在其他学科知识和其他领域范围的知识没有明确的掌握要求。基于语文课程的综合性学习的活动形式主要为书面或口头表达，在活动中可以借助调查、访谈等多种手段和方式。综合性学习是有别于综合实践活动的多样化特征，学科特征十分明显的学习方式。与综合实践活动不同，虽然综合性学习也强调学科间的沟通与联系，但它主要还是指基于语文课程内部的综合活动。因此，基于语文课程的综合性学习是具有明确的语文学科色彩的实践活动，或者说是综合实践活动课程的理念在语文学科领域内的具体实现。

活动课程是一门经验性课程，是一门非学科领域的课程，是基于学生的经验，密切联系学生生活实际，体现对知识的综合运用的实践性课程。它不是单纯地指某种学习方式，而是一种相对独立的课程组织形态，与学科课程相并列。作为综合程度最高的课程，它不是其他课程的辅助或附庸。可见，它不属于语文课程的范畴。长久以来，活动课程也被人们称作经验课程或学生中心课程，它是与学科课程相对立出现的一种课程类型。活动课程是以学生从事某种活动的兴趣或动机为中心组织课程。就课程计划而言，活动课程是指课程表中所规定的学科课程以外的各种活动内容；就学校而言，活动课程涵盖学校方面有目的、有计划、有组织进行的各种活动内容；就学生而言，活动课程是指以学生为主体的综合运用各门学科知识，以提升学生的直接经验为目的的各种活动内容；就活动内容本身而言，活动课程是指具有实践性、自主性、创造性、趣味性、非学科性的各种活动内容。

（二）综合性学习与研究性学习的辨析

研究性学习是有明确主题的以科学研究为手段的课题研究活动。从学科特征上看，研究性学习无法划入任何学科，尽管研究性学习的内容有明确的学科界限。研究性学习中的实践内涵并不仅仅指向学生所开展的社会调查、访问及收集资料等浅层的活动方式，还包括选题、制订研究计划、请教专家学者、撰写研究报告等一系列过程。

基于语文课程的综合性学习因其明确的语文课程目标，学科性质比较明显。它是以语文学科知识为出发点、以语文为核心的跨学科学习，其指向是"全面培养学生的语文素养"。学生在社会生活、校园生活、课堂学习及其他学科知识的综合学习中获得语文知识进而提升语文能力，最终实现语文应用能力的全面提升。

（三）综合性学习与课外活动的辨析

首先，语文课外活动与综合性学习的区别主要表现在活动时间和课程领域上。一般来说，语文课外活动是指学校根据教育教学规划所制定的开展课堂教学内容以外的课程，它是与课内教学相对照所提出的一种活动方式。语文课外活动从狭义上说应是语文课堂教学在时空上的拓展和延伸，是语文实践的重要阵地，也是形成语文能力的一个重要途径。语文课外活动主要安排在课外，是语文课程的拓展和延伸。语文课外活动表现为课程之外的独立与存在。

综合性学习的活动时间不分课内、课外，是语文课程的组成部分，语文综合性学习的活动内容具有充分的自主度和开放性。除了教材规定活动的主题和大致方向、目标之外，语文教师完全可以根据学生的个性、爱好和特长，根据知识和能力基础，根据学校、家庭的条件状况，自主决定语文综合性学习方案的具体内容、实施方法。这些特征使得综合性学习优于语文课外活动。语文课外活动无论在活动总量还是在学生参与的活动范围上，都无法和语文综合性学习相提并论。

其次，两者的目标和操作方式也有差异。基于语文课程的综合性学习的目标是以语文课程的总目标为指向，努力实现学生语文素养的全面发展和提升，而语文课外活动在于学生兴趣和特长的课外满足和发展。综合性学习作为语文学科课程的有机组成部分，学习活动的开展要与教学计划相结合，有比较明确的学习规划；而语文课外活动的随意性比较大，在活动的展开方面对计划性要求比较宽松，同时学生有选择是否参与的权利。

学习反思：《义务教育语文课程标准（2011年版）》对语文学科的性质界定为："语文课程是一门学习语言文字运用的综合性、实践性课程。"语文课程的性质与语文综合性学习有什么关联？

第二节　综合性学习的基本特征

一、综合性

综合性学习的"综合性"，指的是学习目标、学习内容和学习方式的综合。

（一）学习目标的整合

从学习目标看，综合性学习既包括识字与写字、阅读、写作、口语交际几个方面的综合，又包括知识和能力、过程和方法、情感态度和价值观三个方面目标的综合。

必须明确的是，综合不是杂合。

综合性学习应有明确的目标，这个目标应是多元整合的结果。也就是说，语文综合性学习的目标既包括听、说、读、写、思等语文能力培养的目标，又包括实践、探究等方面的学习目标，既包括知识与能力方面的目标，又包括过程和方法、情感态度和价值观方面的目标。在教学实施过程中，这些目标应有机地整合在一起，且统一于语文学习这个核心目标之中。所谓目标整合，指的是多项目标有机地、和谐地融合在一起，成为一个整体；目标中的每一个要素之间密切联系，互相关联，你中有我，我中有你。这种整合，既不是几个目标的简单相加，也不是以杂合替代整合，更不是把唱、演、绘、画等内容生硬地杂合在语文学习之中。

课例 1–1

　　某教师在设计"可爱的秋叶"学习活动时，把目标设定为：观察秋叶，培养审美能力；做秋叶贴画，培养创造美的能力；查找关于秋叶的有关资料，培养信息搜集、处理能力；描写秋叶，积累习作素材和书面表达能力；畅谈秋叶，培养热爱家乡、热爱大自然的思想感情。整个教学活动中时而看树叶，时而做贴画，时而查资料，时而说作用，时而写作文，时而谈感想。学生看起来忙个不停，问其收获，个个笑而不答。

▶ 评析

　　由于教师设计综合性学习活动的目标空、泛、杂，导致学生看似忙个不停，实则不知所措。因为，他们看没看清，贴没贴成，查没查好，说没说明，更别说语文素养有什么综合提高。不难想象，在这样的目标驱使下，整个综合性学习活动必然会淹没主题，失去重点，过程杂乱，没有教学效果。"观秋叶，学语文"的综合性学习活动，就这样因为目标"杂合"而失去了应有的教学意义。

（二）学习内容的整合

　　传统的语文学习内容偏重于语文学科内部知识的综合和连贯，语文听说读写能力也是基于此的提高，而语文综合性学习力图实现书本知识和现实生活实践的有机结合。传统的语文学习仍是以智育目标的达成为追求，即基本知识和基本能力的提高，而语文综合性学习是多元内容的整合，其学习内容涵盖了学生语文学习和生活实践的方方面面，不仅包括语文教材本身的字词句段篇，而且包括相关的跨学科知识，以及社会生活中遇到的需要解决的实际问题。基于语文课程的综合性学习的主题既可以是教材确定的综合性学习的内容，也可随着年级的升高、活动范围的扩大，由校园向家庭、社区、自然、社会扩展。可以说，只要是学生感兴趣的、有学习和研究价值的、有助于语文素养形成和发展的、力所能及的主题，都可以作为综合性学习的内容。

　　例如，人教版小学语文第 4 册的"童话"这一综合性学习活动，可以拓展到童话的方方面面内容。首先，教师可以开展一次读童话、讲童话、编童话、演童话的学习活动，也可以结合其他学科教学内容，研发出跨学科整合的小学语文综合性学习活动内容；其次，可结合音乐学科，开展以"唱童话"为主题的综合性学习活动；最后，可结合美术学科，开展小学生们喜爱的绘画活动，画出你最喜欢的童话主人公。语文综合性学习活动的内容较之于学科语文学习的内容要更丰富、更综合。同时，其内容随着学习活动的深入和学生学习经验的不断丰富而随时进行拓展延伸。但这并不是说可以没有界限、没有层次、没有梯度、没有主题。我们要拒绝那种无边界的"海纳百川"式的拼盘活动，避免教学内容走向泛化，还要避免其他学科、其他领域的内容喧宾夺主。落实到具体操作上，跨学科整合的语文综合性学习不能只是形式上各门学科知识点的组合的繁复堆积，而是应格外注意以语文课程为核心，并且最终指向学生的语文素养和综合素质的提高上来。

课标对综合性学习的教学建议中指出："综合性学习主要体现为语文知识的综合运用、听说读写能力整体的发展、语文课程与其他课程的沟通、书本学习与实践活动的紧密结合。提倡跨领域学习，与其他课程相配合。"可见，综合性学习内容的"综合"可以概括为三种：语文+语文的综合、语文+其他学科的综合、语文+生活实践的综合。也就是说，其"综合"必须以语文学科为主导，属于语文学科内部的综合，即其内容的拓展应该立足于文本，形式的开发应该根植于"语文"，不管它综合多少种学科科目，其目的都是致力于学生语文素养的全面提高。这就要求语文学习必须立足于语文学科，围绕探究的问题，组织多层面和跨学科的知识内容，以利于知识的融会贯通。这些内容的有机整合，将有助于学生获得对语文知识和社会生活的整体性认识，提高学生综合运用语文知识解决问题的能力。

▶ 课例1-2

某教师设计"我喜欢的小动物"活动，首先让学生看一段"动物世界"录像，然后让学生唱歌曲《小燕子》《小白兔》，接着让学生说说自己喜欢的小动物是什么，而后组织学生自主活动：喜欢画画的画动物，喜欢剪纸的剪动物，喜欢唱歌的歌唱动物，喜欢表演的演动物……最后进行交流。学生画、剪、唱、演，非常高兴。

▶ 评析

活动表面看来十分热闹，却严重地迷失了语文综合性学习的本质。语文综合性学习提倡与其他学科结合，开展跨领域学习，但无论如何都应以语文学习为本，以培养学生的语文能力、提高学生的语文素养为根本任务，否则，就会失去价值。

（三）学习方式的综合

语文课程的基本理念之一是倡导自主、合作、探究的学习方式，这是对传统语文学习方式的补充、改进。传统的语文学习以接受式学习为主,对于语文课堂学习的补充,主要途径就是语文课外活动而已。而综合性学习是接受性学习和探究性学习的结合。综合性学习不再如同过去的语文课外活动或者兴趣小组一样仅仅是为了通过某种活动而达到掌握某项语文能力的,而是各种实践活动的综合。例如活动中收集整理资料、调查采访、观察试验等各种活动,这些活动本身也要求语文的听、说、读、写能力以及社会交际能力的整体并进与发展,以及在活动中开发利用资源的能力、开拓创新的能力。

综合性学习积极倡导自主、合作、探究的学习方式,教学内容的确定,教学方法的选择,评价方法的选择,都应有助于这种学习方式的形成,以此激发学生的主动意识和进取精神。此外,综合性学习还常常综合运用科学研究、发现学习、资源学习、小组合作学习、独立探究、社会实践等学习方式和方法,体现出学习方式方法上的整合。当然,"自主、合作、探究"与接受学习方式并不是截然对立的。在开展综合性学习时,既要有接受学习,又要有探究学习,既要有个体独立学习,又要有集体合作学习。在学习途径方面,语文综合性学习涵盖学校、家庭、社区乃至自然界及社会生活的各个领域,学生既有以查阅资料为标志的借助书报、网络等媒体的学习,又有以观察、调查为标志的在实践中学习。

二、实践性

语文本身是实践性很强的一门学科。无论是语文学习内容、学习途径还是语文学习过程都离不开实践。《全日制义务教育语文课程标准(实验稿)》明确指出:"语文是实践性很强的课程,应着重培养学生的语文实践能力,而培养这种能力的主要途径也应是语文实践,不宜刻意追求语文知识的系统和完整。语文又是母语教育课程,学习资源和实践机会无处不在,无时不有。因而,应该让学生更多地直接接触语文材料,在大量的语文实践中掌握运用语文的规律。"综合性学习提供了实践的可能,强调让学生在语文实践中综合运用语文知识、多渠道发展语文能力。

第一,从实践的内容来看,通过实践有助于提高学生借助语文知识解决实际生活问题的能力。语文学习不仅需要学生进行广泛的课外阅读,更需要学生在观察、访问等实践活动中亲身体验语文、学习语文。例如,"背起行囊走四方"的综合性学习要求学生通过活动了解家乡的风土人情、名胜古迹和自然风光。虽然学生们的家乡地理环境不同、社区文化各异,但与乡亲或社区居民有着生活上的关联和情感上的共鸣,在实践活动中通过查阅资料、研究考证,对家乡自然风光和人文景观的审美价值、文化意蕴往往会有新的发现和新的领悟。

第二，从实践的方式、手段来看，学生在学习方式的选择上有极大的灵活性，既可以是合作交流，又可以是自主探究。学生可以借助现代多媒体信息技术走进网络世界，也可以采取让学生在现实生活中考察、访问的方式了解现实社会，还可以引导学生在交流中走进人们的内心情感世界，诸如通过书籍、报刊或网络等收集资料、整理分析资料、研究分析问题、调查采访并写出研究报告，用文字、图画、照片等方式展示研究成果，或者要求学生亲身体验、观察，亲自参与办刊、演出、讨论、辩论、评奖等实践活动。例如，在苏教版小学《语文》第六册下的"我的成长册"这一语文综合性学习单元中，教材从"整体策划""搜集资料""精心制作"这三大板块来指导教师和学生们的综合性学习活动，着重强调小学生们的亲身实践经历，在"策划""搜集""制作""探究"等动手动脑的实践中去完成学习活动，以期达到综合性学习的目的，这无疑不是体现实践性特征的。

三、自主性

综合性学习的自主性指的是突出学生的自主性，重视学生主动参与的积极状态。综合性学习的自主性表现为学生主动地学习和运用知识，而不是被动地接受知识；表现为学生自我组织，在学习活动中相互启发，发挥学生的探索和创新精神。在综合性学习中，学习内容由学生自主确定，学习方案由学生自主设计，学习活动由学生自行组织；学习过程中出现的一切问题都由他们自主解决或在教师指导下自主解决。学生既是综合性学习的决策者，又是综合性学习的实施者。在综合性学习中，学生可以自由组成小组，小组同学一起商量开展哪几项活动、怎样开展，以及用什么形式呈现学习的成果等，这些都体现了综合性学习中学生活动的自主性。在语文综合性学习过程中，教师主要起到适度指导和建议的角色。以往师生间单向的指导与被指导的关系，在综合性学习中被师生间多向交流的互动关系所取代。

自主性还表现为综合性学习活动的生成性。综合性学习活动的目标都是确定性和不确定性的统一，学生在教师指导下自主确定、自主完成、自行建构目标。在综合性学习的过程中，学生的审美体验、情感态度、价值观等非智力因素是在活动中形成和发展的，无法像知识那样预测和评价。综合性学习应注重学生在学习过程中的参与程度，在参与过程中的行为表现、情感反应，而不能只专注那些结果的呈现、知识和技能的检测。

需要明确的是，自主不等于放任自流。

综合性学习注重调动和发挥学生主体性，即在教师指导下，学生通过自主的尝试、体验和实践，主动发现问题、解决问题、获取知识、形成能力。可以说，在综合性学习过程中，学生的主体地位将得到充分发挥。但是，强调"自主"不等于完全自助，更不等于放任自流。学生在出现学习偏差时，若得不到教师及时的、正确的指导和帮助，会导致学生学习状态过于松散，从而降低了语文综合性学习的质量，学生也难以从综合性学习的开展中得到预期的锻炼。如果在综合性学习中忽视教师的"主导"作用，一味让学生的自流行为占主体，极有可能出现低效甚至负面效应的结果。

课例 1-3

某教师开展"广告词设计大赛"活动，教师先简单组织学生交流课前收集的广告词及设计广告词应注意的事项，之后就让学生为某产品设计广告词。学生设计完后，先在小组内进行交流，再与其他小组进行比较，然后评出一、二、三等奖。评价时，学生各抒己见，相持不下，且愈演愈烈，最后教师见势不妙，不得不提出以表决的形式进行决断，才勉强评出等次。整个活动最后草草收场。活动结束后，一些学生还在愤愤不平地进行争论，争论的问题不是如何设计广告词，而是评价的结果如何不公。

评析

教师在这一综合性学习中完全放任自流，导致学习活动的失控。由于教师的无作为、无引导，学生关注的不是广告词的设计合作，而是活动结果的优劣评价，使得学生对综合性学习的评价认知出现偏差，同时伤害了学生的学习热情。

学习反思：

1. 你对"综合"一词是怎样认识的？
2. 在设计综合性学习时应当如何处理语文学科和其他学科的关系？

本 章 小 结

基于语文课程的综合性学习是一种立足于语文课程基础之上，通过学生自主地开展实践活动以促进其语言素养的整体推进的学习方式。

综合性学习的特点是综合性、实践性和自主性。

▶ **思考与练习**

1. 结合教学实践，分析综合性学习对于学生语言学习与发展的意义。
2. 任选某综合性教学设计或实录，请从综合性学习的特点对其进行具体分析。

▶ **阅读链接**

1. 靳彤. 语文综合性学习：理论与实践［M］. 北京：中国社会科学出版社，2007.
2. 郑国民. 新世纪语文课程改革研究［M］. 北京：北京师范大学出版社，2003.
3. 郑国民，冯伟光，沈帼威. 语文综合性学习的理论基础与基本特征［J］. 语文建设，2002（4）：4-5.
4. 孙菊霞. 由"语文综合性学习"这一概念引起的思考［J］. 云南教育：中学教师，2007（3）：18-20.
5. 邹立群. 朱艳林. 语文，请守住自己的领地：综合性学习应强调语文学科素养的综合性［J］. 人民教育，2005（Z1）：40-43.
6. 林富明. 语文综合性学习的课程定位和教学取向［J］. 教育评论，2004（5）：71-74.

第二章
基于语文课程的综合性学习之目标体系

▶ **本章学习目标**
(1) 明确基于语文课程标准的综合性学习的课程目标。
(2) 把握基于语文课程的综合性学习课程目标的整合策略。

▶ **本章核心概念**
综合性学习课程目标　目标维度

▶ **导入案例**

某教师准备开展综合性学习活动"给自己出一本书",其活动目的设计如下:

(1) 在活动中培养学生动脑、动手确定选题,以及组织、筛选、编辑、校对稿件等综合运用语文知识的能力。

(2) 通过活动使学生认识多读写多积累的好处,从而激发学生的写作热情。

(3) 通过活动使学生明确自己出书不能侵犯他人的著作权。

提问:有的教师认为这一目标表述存在问题,有的教师认为这一活动目标难以达成。你认为呢?综合性学习的活动目标与语文教学目标有何异同?如何处理综合性学习目标与语文课程目标的关系?

第一节　基于语文课程的综合性学习目标的描述

一、义务教育阶段的语文综合性学习目标设定

我国现行的《义务教育语文课程标准（2011年版）》明确指出了综合性学习的重要意义："综合性学习既符合语文教育的传统，又具有现代社会的学习特征，有利于学生在感兴趣的自主活动中全面提高语文素养，有利于培养学生主动探究、团结合作、勇于创新的精神，应该积极提倡。"通过综合性学习的实施，"以加强语文课程内部诸多方面的联系，加强与其他课程以及与生活的联系，促进学生语文素养全面协调地发展"。

课程标准中对语文综合性学习的设计思路是这样说的："要加强语文学科与其他学科、与生活和实践的联系，促进学生听、说、读、写等语文能力的整体推进和协调发展。"

课程目标的总体目标中提到："5. 能主动进行探究性学习，激发想象力和创造潜能，在实践中学习和运用语文"，"10. 学会使用常用的语文工具书。初步具备搜集和处理信息的能力，积极尝试运用新技术和多种媒体学习语文"。这些都是关于综合性学习的总体目标要求。语文课程总体目标根据知识和能力、过程和方法、情感态度和价值观三个方面设计，三个方面相互渗透，融为一体，注重语文素养的整体提高。在课程总体目标的指引之下，课程标准分四个阶段分别列出了综合性学习的目标。各个学段目标相互联系，螺旋上升，最终全面体现与达成课程总体目标。而学段目标部分则提出了每一学段综合性学习的具体目标。

第一学段（1~2年级）

1. 对周围事物有好奇心，能就感兴趣的内容提出问题，结合课内外阅读共同讨论。

2. 结合语文学习，观察大自然，用口头或图文等方式表达自己的观察所得。

3. 热心参加校园、社区活动。结合活动，用口头或图文等方式表达自己的见闻和想法。

第二学段（3~4年级）

1. 能提出学习和生活中的问题，有目的地搜集资料，共同讨论。

2. 结合语文学习，观察大自然，观察社会，用书面或口头方式表达自己的观察所得。

3. 能在教师的指导下组织有趣味的语文活动，在活动中学习语文，学会合作。

4. 在家庭生活、学校生活中，尝试运用语文知识和能力解决简单问题。

第三学段（5~6年级）

1. 为解决与学习和生活相关的问题，利用图书馆、网络等信息渠道获取资料，尝试写简单的研究报告。

2. 策划简单的校园活动和社会活动，对所策划的主题进行讨论和分析，学写活动计划和活动总结。

3. 对自己身边的、大家共同关注的问题，或电视、电影中的故事和形象，组织讨论、专题演讲，学习辨别是非、善恶、美丑。

4. 初步了解查找资料、运用资料的基本方法。

第四学段（7~9年级）

1. 自主组织文学活动，在办刊、演出、讨论等活动过程中，体验合作与成功的喜悦。

2. 能提出学习和生活中感兴趣的问题，共同讨论，选出研究主题，制订简单的研究计划。能从书刊或其他媒体中获取有关资料，讨论分析问题，独立或合作写出简单的研究报告。

3. 关心学校、本地区和国内外大事，就共同关注的热点问题，搜集资料，调查访问，相互讨论，能用文字、图表、图画、照片等展示学习成果。

4. 掌握查找资料、引用资料的基本方法，分清原始资料与间接资料的主要差别，学会注明所援引资料的出处。

语文课程标准第三部分"实施建议"中的"具体建议"部分，则明确指出了综合性学习的相关建议。

综合性学习主要体现为语文知识的综合运用、听说读写能力的整体发展、语文课程与其他课程的沟通、书本学习与生活实践的紧密结合。

综合性学习应贴近现实生活。联系生活中的实际问题开展学习活动，在实现语文学习目标的同时，提高对自然、社会现象与问题的认识，追求积极、健康、和谐的生活方式，增强抵御风险和侵害的意识，增强在与自然、社会和他人互动中的应对能力。

综合性学习应突出学生的自主性，重视学生主动积极的参与精神，主要由学生自行设计和组织活动，特别注重探索和研究的过程，要加强教师在各环节中的指导作用。

综合性学习应强调合作精神，注意培养学生策划、组织、协调和实施的能力。

综合性学习的设计应开放、多元，提倡与其他课程相结合，开展跨领域学习。跨学科学习，也应以提高学生语文素养为目的。

积极构建网络环境下的学习平台，拓展学生学习和创造的空间，支持和丰富语文综合性学习。

从以上描述可以看出义务教育阶段的语文综合性学习的评价定位。

第一，整体性。即致力于培养学生的语文素养，促进听、说、读、写等语文能力的整体推进和协调发展，以及语文知识与其他学科学习的关联性、语文技能学习与实践活动的联系性。在九年制义务教育中，语文课程目标的实施侧重培养学生的语文应用能力，其目的是为学生能在一个更高层次独立地学习语文奠定最根本的语文方法和语文能力，因此义务教育阶段综合性学习的评价目标也偏重于学生语文应用能力的培养。

第二，团队合作性。强化学生学习活动的重要性，特别是在合作中培养团队精神和合作能力。

第三，自主创新性。突出学生的自主学习性，能自主地设计和组织活动、自主实践。

二、普通高中阶段的语文综合性学习目标设定

普通高中语文课程标准并未指出综合性学习的具体教学目标，但这并不表示其对语文综合性学习的教学没有要求。普通高中语文课程标准指出，高中语文课程应帮助学生在语言建构与运用、思维发展与提升、审美鉴赏与创造、文化传承与理解等几个方面获得较为全面的语文素养，在继续发展和不断提高的过程中有效地发挥作用，以适应未来学习、生活和工作的需要。

第一，在语言建构与运用方面，高中语文课程标准明确指出其培养目标是在丰富的语言实践中，通过主动的积累、梳理和整合，逐步掌握祖国语言文字特点及其运用规律，形成个体的言语经验，在具体的语言情境中正确有效地运用祖国语言文字进行交流沟通。

第二，在思维发展与提升方面，高中语文培养目标是在语文学习过程中获得思维能力的发展和思维品质的提升。语言的发展与思维的发展相互依存，相辅相成。

第三，在审美鉴赏与创造方面，高中语文培养目标明确指出：审美与创造是指学生在语文活动中体验、欣赏、评价、表现和创造美的能力及品质。

语文活动是人形成审美体验、发展审美能力的重要途径。在语文学习中，学生通过阅读鉴赏文学作品、品味语言艺术而体验丰富情感、激发审美想象、感受思想魅力、领悟人生哲理，并逐渐学会运用口头语言和书面语言表现美和创造美，形成自觉的审美意识和审美能力，养成高雅的审美情趣和高尚的品位。

第四，在文化传承与理解方面，高中语文培养目标是使学生在语文学习中，继承中华优秀传统文化，理解、借鉴不同民族和地区的文化，以及在语文学习过程中表现出来的文化视野、文化自觉的意识和文化自信的态度。

高中教育阶段，语文课程目标的实施所侧重培养的是语文审美能力和语文探究能力，使学生语文应用能力、审美能力、探究能力获得均衡发展，并在此基础上，培养学生"有个性地发展"的能力，为终身学习和自我教育奠定基础。高中阶段的综合性学习应当以学生的语文实践为主线。阅读与鉴赏、表达与交流、梳理与探究等语文实践活动在特定的语文情境中进行，以单一的或综合的学习项目为载体，以自主学习、合作学习、体验探究性学习为主要学习方式。

总的来说，高中阶段的语文课程目标呈现出学习要求不断提高、学习内容不断综合、学习范围不断扩大的走势。因此，高中语文综合性学习活动作为一种语文学习方式，在不断提高活动质量的同时，其目标也应完全吻合高中语文课程的培养目标。

学习反思：请细读综合性学习的课程目标，分析各学段之间的联系，并尝试从中提取综合性学习的实施导向。

第二节 基于语文课程的综合性学习目标的分析

一、基于语文课程的综合性学习的目标维度

（一）知识维度

知识维度主要是指综合性学习的主题指向语言文化知识的学习，专题活动以语言文化知识的获得为活动目标。例如，人教版义务教育阶段语文教材

以知识学习为活动取向的专题主要有 12 个:"追寻人类起源""黄河,母亲河""戏曲大舞台""马的世界""说不尽的桥""莲文化的魅力""到民间采风去""背起行囊走四方""脚踏一方土""走进小说天地""乘着音乐的翅膀""我所了解的孔子和孟子"。这些专题,从不同角度和层面带领学生领略民族文化的魅力,探寻民族文化的内涵,都向学生辐射出传统文化的光芒。比如,"戏曲大舞台"这一综合性学习活动,要求学生了解中国戏曲的相关知识,通过资料的搜集详细理清中国戏曲发展的历史脉络,让学生在感受中国戏曲魅力的同时,培养对中华文明的热爱之情。

基于语文课程的综合性学习目标在知识维度主要包含体验性知识和程序性知识。

1. 体验性知识

体验是由个体活动而产生的主观的感情和意识,它具有主观性、感觉性、个别性等特点,通过接触实际的对象,立足于实际的状况,通过五官体验作用于具体的对象,从中获得知识。体验性知识的学习与抽象的科学性知识的学习有着不同的特点,它不像科学性知识学习那样,全体学生面对同一课题,采取同样的方法,并寻求教师所认同的唯一正确的答案。体验性知识的学习,从学生认识的立场出发,重视学生的课题意识和思考的过程和方法,不限于一种问题的答案,它强调从划一的、统一的观点向个性的方向转换。体验性知识更重视直接经验和感受,强调个体学习过程的能动性、体验性和与他人的互动性。学生由体验所获得的信息,在其后遇到类似的对象和情景时,其体验成为经验,意识成为知识,能够运用已有的经验解决实际的问题。体验性知识能够为今后的学习提供各种各样解释的基础,是学生和谐发展不可或缺的重要组成部分,综合性学习各阶段目标均体现了增加学生体验性知识的要求。综合性学习目标强调获得亲自参与的积极体验。"目标"中大量运用"观察""搜集""查找""策划""运用""调查""组织"等行为性很强的词语,强调学生必须具有综合性学习的实践行为。因为有了这些行为,才能产生具体的体验,才能逐步形成一种在日常学习和生活中习惯质疑、乐于探究、努力求知的心理倾向,激发探索和创新的积极欲望。

综合性学习阶段目标中要实现的体验性知识目标如表 2-1 所示。

表 2-1 综合性学习阶段目标中要实现的体验性知识目标

学段	体验性知识目标
第一学段 （1~2 年级）	结合语文学习，观察大自然，用口头或图文等方式表达自己的观察所得 热心参加校园、社区活动。结合活动，用口头或图文等方式表达自己的见闻和想法
第二学段 （3~4 年级）	结合语文学习，观察大自然，观察社会，用书面或口头方式表达自己的观察所得 能在教师的指导下组织有趣味的语文活动，在活动中学习语文，学会合作 在家庭生活、学校生活中，尝试运用语文知识和能力解决简单问题
第三学段 （5~6 年级）	策划简单的校园活动和社会活动，对所策划的主题进行讨论和分析，学写活动计划和活动总结 对自己身边的、大家共同关注的问题，或电视、电影中的故事和形象，组织讨论、专题演讲，学习辨别是非、善恶、美丑
第四学段 （7~9 年级）	自主组织文学活动，在办刊、演出、讨论等活动过程中，体验合作与成功的喜悦 关心学校、本地区和国内外大事，就共同关注的热点问题，搜集资料，调查访问，相互讨论，能用文字、图表、图画、照片等展示学习成果

2．程序性知识

程序性知识是关于"如何做"的知识，是学习个体获得知识和技能的方法，也是个体运用知识进行理解、判断的方法。教会学生学习，使学生掌握学习的方法和技能已成为当今学校教育改革所面临的一个重要课题。

程序性知识主要包括信息收集与交流的方法，调查、访问的方法，统计测量的方法，发表和讨论的方法，评价的方法等。这些方法是学生未来生存的基础学力。当然，这是一般的程序性知识，同时，它也包括一些特殊的方法，例如比较、观察、实验的方法等，在艺术学科中还要重视鉴赏的方法等。使学生掌握方法性知识是综合性学习课程的重要目标之一，当然也是综合性学习的应有目标。在综合性学习中，学生通过"观察大自然，观察社会"，"参加校园、社区活动"，"利用图书馆、网络等信息渠道获取资料"，参与"办刊、演出、讨论"等一系列实践活动，将了解多样的跨学科知识，得到一份意外的收获。综合性学习要求学生"热心参加（策划）校园、社区活动"，"观察大自然，观察社会"，"关心学校、本地区和国内外大事，就共同关注的热点问题，搜集资料，调查访问，相互讨论"。可见，在综合性学习的阶段目标中，程序性知识包括了讨论、观察、表达、搜集资料、解决简单问题、策划、专题演讲、办刊、制订研究计划、写研究报告、调查访问、查找资料、引用资料、注释等基本方法。

（二）能力维度

能力维度主要是指综合性学习的主题指向学生能力的提升，专题活动以学生综合运用语言为现实生活服务能力的提升为活动目标。例如，人教版语文教材相关的专题主要有5个："漫游语文世界"引导学生在生活中学习语文，"走上辩论台"引导学生大胆发表见解，"怎样收集资料"教会学生在实践中综合运用各种方法搜集资料，"关注我们的社区"引导学生积极参加社会实践活动，"好读书　读好书"引导学生掌握读书学习的方法。

1. 学科能力目标

基于语文课程的综合性学习首先是促进学生语文综合能力的发展。语文综合能力主要是指语文应用能力，它以语言文字的理解、使用和驾驭能力为基础，听说读写能力是其根基。促进学生听说读写能力的整体发展，促进学生综合语言能力的发展，是语文课程的基本任务，也是综合性学习的基本任务。语文能力的形成是一个循序渐进的过程，课程标准对各阶段学生听说读写能力提出不同的要求，且能力逐步提高。以表达能力为例，综合性学习的阶段目标中渐次列出了"用口头或图文等方式表达自己的观察所得"、"用口头或图文等方式表达自己的见闻和想法"、"用书面或口头方式表达自己的观察所得"、"尝试写简单的研究报告"、"学写活动计划和活动总结"、"组织讨论、专题演讲"、"办刊、演出"、"能用文字、图表、图画、照片等展示学习成果"等表达方式与表达要求，通过这些表达练习，将逐步提高学生的表达能力。

2. 一般能力目标

综合性学习不仅要完成其学科性目标，提高学生的语文素养，提高学生将语文知识运用于实践的问题解决能力，还要通过跨学科的学习，使学生获得一般能力。

第一，认知能力目标。认知能力是在问题解决的过程中表现出来的观察力、记忆力、分析力和调查研究的能力。个体认知能力的形成是在一定的探究活动过程中形成的。综合性学习力图通过对自然现象与社会现象的观察和记录、观察结果和抽样结果的分析等活动形式，培养学生的观察力、记忆力和分析力；通过学生自主地进行研究设计、实施、评价、计算、统计、资料的收集及分析等的活动形式，培养学生调查研究的能力。认知能力是思考能力和创造能力发展的基础。

第二，思维能力目标。思维能力包括抽象的逻辑思维能力与直觉的形象思维能力、集中性思维能力与分散性思维能力、常规性思维能力与批判性思维能力等。针对不同的问题内容，需要不同的思维能力与品质。综合性学习主要是通过综合而复杂的现实生活问题的解决，使学生的各种思维能力得到统合发展。

第三，创造能力目标。创造能力主要是指学生在解决问题的过程中能够产生出"新的价值"和"新的作品"。综合性学习培养学生的创造能力，主要包括作品制作的能力和信息运用的能力。作品制作能力的培养，采用学生自己撰写和发表研究报告、制作和使用实验器材、自己制作媒体作品等活动形式。信息运用能力的培养，是通过学生各种信息媒体的操作、身边机器的操作和机器的设定等活动形式来进行。

第四，交往与交流能力目标。现代的交往能力，包括丰富的人与人之间、信息与信息之间的交往与交流活动的能力。语文综合性学习借助开放的时空，在学生交往能力的培养过程中，通过学生与同伴及不同年龄、不同民族、不同国家人们的平等交流和交往，通过国际、社会、校际、不同年级或同年级的集体和小组交流，使学生学会合作、互助、表达、倾听、尊重、理解。

第五，自学能力目标。自学能力是终身教育和自我教育的基础，综合性学习通过学生学习计划能力、监控能力、评价能力的培养来提高学生的自学能力。学习计划能力具体通过学习内容的设定、作业分析、计划的调整和修改等活动形式来培养。学习监控能力通过学习过程中学生对目标方向、学习进度、行为与目标的一致性的判断、修正来培养。学习评价能力通过学生的自我评价、相互评价和集体评价的活动形式来培养。

（三）情感、态度与价值观维度

综合性学习的隐性目标体现为情感、态度与价值观维度的目标。在语文学科中，学生的情感、态度与价值观目标主要是培养学生高尚的情操、积极的审美情趣和人生态度，最终形成正确的价值观。以人教版语文教材为例，其相关的专题列举如下。

社会人生方面："这就是我"和"成长的烦恼"引导学生体验和思考人生；"我也追'星'"引导学生客观认识并了解名人；"漫话探险"鼓励学生勇于挑战自然与自我；"世界何时铸剑为犁"引导学生关注社会、了解战争、热爱和平；"古诗苑漫步"引导学生对社会、人生的感悟与思考；"演讲：微笑着面对生活"引导学生独立思考，并敢于发表自己的见解；"青春随想"引导学生了解自己、完善自己；"金钱，共同面对的话题"引导学生树立正确的金钱观；"话说千古风流人物"引导学生正确认识历史上的英雄人物；"岁月如歌——我的初中生活"引导学生回味与感悟自己的初中生活。这些专题都旨在引导学生关注社会，思考人生。

  自然科学方面："感受自然""探索月球奥秘""寻觅春天的踪迹""科海泛舟""雨的诉说"这几个专题意在引导学生观察自然、感悟自然。

  友爱亲情方面："我爱我家""让世界充满爱""献给母亲的歌"引导学生关爱他人、珍视亲情、笑对生活。

1. 情感目标

  心理学认为情绪、情感、情操是广义情感由低到高的三个层次。语文综合性学习在关注学生情绪、情感体验的基础上希望实现的是高级的情操目标。情操作为高级的情感现象主要包括道德感、理智感、审美感。学生的道德感具体表现为爱国情感、集体主义情感、责任感、荣誉感等；理智感体现为认知活动中对真理的探究、追求与维护；审美感是学生对自然社会中美的事物的鉴别和欣赏能力。道德感、理智感与审美感分别体现的是人类对"真""善""美"的追求。综合性学习在具体真实的语言运用过程中引导和帮助学生获得道德感、理智感、审美感。学生通过观察大自然、观察社会，通过参与家庭生活、学校生活和社区活动，或者欣赏电视、电影中的故事和形象，借助搜集资料、调查访问、讨论交流与表达展示，逐步建立与提高理智感、道德感、审美感。

2. 态度目标

  态度是个体对于特定的对象由体验而形成的心理反应倾向，是对任何人、观念或事物的一种比较稳定的、习惯的倾向性心理反应。态度的培养，对于学生个性的和谐发展具有动力源泉的功能。态度是通过具体的活动和体验而形成和发展的，然而长期以来学校教育为学科课程所束缚，片面强调知识、方法的传授，轻视学生情感和精神世界的参与，并把它们视为非合理性的事物而加以排斥。这种教育使孩子们丧失了自我精神世界的现实性，缺乏心的交流与体验。语文综合性学习的出现适应了社会发展和学生个性发展的双重需要，体现了教育课程改革与发展的趋势，重视学生的感受与体验，以丰富和发展学生的精神世界为重要目标。综合性学习充分发挥自身人文性学科的优势，增进课程内容与学生成长的联系，引导学生积极参与实践活动，学会认识自然、认识社会、认识自我、规划人生，形成健康美好的情感和奋发向上的人生态度。语文综合性学习要达到的态度目标具体包括严谨的学习态度、乐观的生活态度、求实的科学态度、积极的人生态度等。这些健康积极的态度必须从日常生活中良好行为习惯的养成入手，语文综合性学习的开放性为这一目标的实现提供了基本条件。

3. 价值观目标

价值观是指一个人对周围的客观事物（包括人、事、物）的意义、重要性的总评价和总看法。价值观具有相对的稳定性和持久性，在特定的时间、地点、条件下，人们的价值观总是相对稳定和持久的。一个人的价值观是从出生开始，在家庭和社会的影响下逐步形成的。一个人所处的社会生产方式及其所处的经济地位，对其价值观的形成有决定性的影响。当然，报刊、电视和广播等宣传的观点以及父母、教师、朋友和公众名人的观点与行为，对一个人的价值观也有不可忽视的影响。相对于其他学科学习，语文课程，特别是语文综合性学习对学生价值观的形成具有重要的作用。在开放的课堂中，学生通过关注家事、国事、天下事，讨论交流，专题演讲，辨别是非善恶，逐步形成自身的价值观。

二、基于语文课程的综合性学习目标的特征

（一）整合性特征

综合性学习的课程目标体现了课程基本理念与总目标的要求，并表现出自身的特点，其核心目标是为了培养学生的语文综合能力与综合素养。综合性学习的目标首先呈现出高度的整合性，教学设计必须凸显"综合"的优势。综合性学习"主要体现为语文知识的综合运用、听说读写能力的整体发展、语文课程与其他课程的沟通、书本学习与实践活动的紧密结合"，目标不仅包括了听、说、读、写几个方面的学习目标，而且体现了知识与能力、过程与方法、情感态度与价值观的综合，三个方面相互渗透，融为一体，且各个学段相互联系，螺旋上升，最终全面达成总目标——语文素养的整体提高。语文综合性学习强调学科知识与相关知识的综合运用，可以这么说，综合性学习的过程是综合运用语文知识和能力的过程，也是相关学科知识和能力迁移运用的过程。

▶ 课例2-1

山东泰山国际学校薛运锋教师关于《桥梁远景图》的综合性学习目标设计

资料来源：巢宗祺. 语文综合性学习的价值与目标定位［J］. 人民教育，2005 (5)：26.

薛老师这一活动的意图是："在学习课文《桥梁远景图》的基础上，由课内延伸到课外，联系生活实际，引发学生探究的兴趣，开阔学生的视野，

使学生认识到一个事物可以从多种角度去把握,一个问题会有不同的切入点,掌握一定的材料,运用适当的方法,就能对自己感兴趣的问题进行探讨,得到一定的收获。"

其具体活动目标如下:

(1)引导学生围绕主题,动口、动脑,通过实地参观、访问、查阅图书资料和互联网获取信息、筛选信息,使学生了解桥的发展,认识古今中外的名桥,拓宽学生的视野,使其受到美的熏陶和感染。

(2)让学生获得研究探索的积极体验,通过小组成员的分工合作,培养学生在学习和生活中善于质疑、主动探究、团结合作的精神和热爱科学的意识。

(3)联系生活实际,由有形的桥到无形的桥,拓宽学生思维空间,培养学生的想象力。

(4)指导学生形成书面材料,培养学生口语交际和书面表达能力。

这是一个跨领域的学习活动,目的在于以"桥"为主题组织材料和线索,搭建一个活动平台,引导学生在活动中综合性地运用语文、学习语文。

在这个过程中,语文学科的知识和能力与其他学科的知识和能力,是以一种整合的状态出现的,这种整合的状态有利于改善学生已有的知识结构和能力状态,最终达到促进学生新的认知结构的形成。综合性学习以学生语文素养和综合能力的协调发展和整体推进为追求目标。这也是综合性学习方式较其他学习活动的优势所在。

综合性学习课程目标的整合,并非简单叠加,而是分阶段有步骤地推进学生语文素养的发展,在不同学段有不同的侧重点。

表2-2 不同学段综合性学习课程目标的侧重点

项目	第一学段	第二学段	第三学段	第四学段
活动领域	侧重于大自然,观察大自然	侧重于自然和社会,观察大自然,观察社会	侧重于生活和社会,解决与学习和生活相关的问题	自主组织文学活动,关心学校、本地区和国内外大事
问题探究	要求能就感兴趣的内容提出问题,共同讨论	要求能提出学习和生活中的问题,共同讨论	要求对自己身边的、大家共同关注的问题,或电视、电影中的故事和形象,组织讨论、专题演讲	要求能提出学习和生活中感兴趣的问题,共同讨论,选出研究主题,就共同关注的热点问题,搜集资料,调查访问,相互讨论

续上表

项目	第一学段	第二学段	第三学段	第四学段
成果呈现	用口头或图文等方式表达自己的见闻和想法	用书面或口头方式表达自己的观察所得	学写活动计划和活动总结	独立或合作写出简单的研究报告，能用文字、图表、图画、照片等展示学习成果

综合性学习依据学生的年龄差异和心理特点，在不同的学段侧重点有所不同。活动领域主要涉及学生的生活、自然及社会方面。随着年级的升高，学生问题探究的程度也在提升。由"感兴趣"到有意识地"关注"，由"共同讨论"到"调查访问"，问题意识越来越强烈，讨论的形式也越来越多样。随着学生年龄的增长、心理的日趋成熟，综合性学习成果的呈现方式也出现了多样化、复杂化的特点。

第二学段（3~4年级）对综合性学习提出的目标既有"知识与能力"方面的，如"能提出学习和生活中的问题"；也有体现"过程与方法"维度的，如"能在教师指导下组织有趣味的语文活动"；更有体现"情感态度与价值观"的，如"在活动中学习语文，学会合作"。

第三学段（5~6年级）综合性学习的阶段目标为：①为解决与学习和生活相关的问题，利用图书馆、网络等信息渠道获取资料，尝试写简单的研究报告；②策划简单的校园活动和社会活动，对所策划的主题进行讨论和分析，学写活动计划和活动总结；③对自己身边的、大家共同关注的问题，或电视、电影中的故事和形象，组织讨论、专题演讲，学习辨别是非、善恶、美丑；④初步了解查找资料、运用资料的基本方法。这一阶段目标，既包括了知识与能力目标："写简单的研究报告"，"学写活动计划和活动总结"；也体现了过程与方法目标："策划简单的校园活动和社会活动"，"学写活动计划和活动总结"，"初步了解查找资料、运用资料的基本方法"；同时还关注情感、态度与价值观目标的达成："学习辨别是非、善恶、美丑"。不仅语文综合性学习的学段目标是知识与能力、过程与方法、情感态度与价值观三维目标的整合，而且每一次综合性学习都要有意识地体现这样的整合，使学生在多方面学有所得，特别是学习态度、参与程度、创造性、合作精神等，对于这些容易忽视的方面，要给予更多的关注。

高中阶段语文综合性学习教学目标同样体现了整合的特点。"积累·整合""感受·鉴赏""思考·领悟""应用·拓展""发现·创新"五维目标体现为一种丰富的整合：知识与能力不断增长的整合，学生知、情、意协调发展的整合，学生语文应用、审美与探究能力共同提高的整合，学生均衡而有个性地发展的整合。

综合性学习的教学设计不能是盲目杂乱的，它必须有一个明确的基本指向。基于语文课程的综合性学习的基本目标应当指向语文，要保证在语文的某一个方面或几个方面取得比较确定的成效。要坚持这一目标，必须要避免两种倾向：一种是忽略"语文"方向，过分追求"综合"，而使语文的综合性学习成了"综合的学习"；另一种是综合性学习的教学设计没有关照到学生语文综合素养和能力的提高，反而演变为日常的教材讲授。

（二）能力多元化特征

综合性学习目标体现了能力多元化特征。综合性学习阶段目标不再仅仅局限于语言能力的培养，而是根据时代要求，拓宽了语文学习能力培养的范围，能力结构呈现多元化趋势。

其一是重视发现问题和解决问题的能力。综合性学习的主要内容之一，就是学生自主地"提出学习和生活中感兴趣的问题，共同讨论，选出研究主题，制订简单的研究计划，从报刊、书籍或其他媒体中获取有关资料，讨论分析问题"，并最终解决问题。从问题的发现到问题的解决，综合性学习强调整个过程都是学生（或者在教师指导下）自主完成的过程，是学生不断搜集信息和处理信息的过程。信息的发现与重组就意味着问题的发现与解决。如第二学段要求"在家庭生活、学校生活中，尝试运用语文知识和能力解决简单问题"，第三学段要求"为解决与学习和生活相关的问题，利用图书馆、网络等信息渠道获取资料，尝试写简单的研究报告"。

其二是重视收集与处理信息的能力。语文课程标准的各学段课程目标分别出现了以下要求："有目的地搜集资料"，"利用图书馆、网络等信息渠道获取资料"，"初步了解查找资料、运用资料的基本方法"，"搜集资料，调查访问"，"掌握查找资料、引用资料的基本方法，分清原始资料与间接资料的主要差别，学会注明所援引资料的出处"。与此对应的是，语文教材中普遍设计了此类训练。人教版语文15次综合性学习中，共出现过14次此类训练，比如在六年级下册"难忘小学生活"活动建议中提到"共同寻找班级'成长的足迹'，如，成长记录袋、奖状、集体活动的照片、同学们的优秀习作，以搜集和整理资料，便于活动（班级纪念册的制作）开展。在苏教版小学语文的8次语文综合性学习中，共提到3次此类训练，在北师大版本小学语文教材中，几乎每次综合性学习都有涉及这种活动方式。

其三是强调合作能力。合作的意识和能力，是现代人所应具备的基本素质。对合作意识和能力的培养，多年来一直是语文教育乃至整个基础教育的空白。综合性学习强调"共同讨论",强调"在活动中学会合作""体验合作与成功的喜悦",其目的是提供一个有利于人际沟通与合作的良好空间,使学生在学习活动中学会合作,学会分享。

课例 2-2

课例探讨:美国语文综合性学习案例"哈莱姆文艺复兴"(七年级)

资料来源:杜红梅. 美国语文综合性学习案例评析[J]. 语文建设,2008 (6):40-41. 有删改。

▶ **学习标准评估**

英语语言艺术语言标准:

1.3 为了做出决定应用一些达成共识的规则和个人角色。

英语语言艺术阅读和文学标准:

9.5 涉及相关的文学作品、艺术创作和同一时期的历史遗址。

24.3 按照收集整理信息、存档、呈现研究报告的步骤操作。

语言艺术媒体标准:

27.3 利用有效的图像、文本、音乐、音响效果或图形制作媒体课件。

技术性能指标:

1.16、1.17、1.18、1.19、1.22 识别和记住一些浏览程序,识别网页的一些基本要素,复制一些图画以便制作幻灯片时使用。

2.2、2.6、2.7、2.9 在文件拷贝时要遵循学术和法律规范,了解学校关于互联网的使用政策,验证网站,电子资源的使用要标明运用的引文材料。

3.2、3.3、3.5 确定电子信息来源,并做出合适的选择;书写正确的引文来源;在使用最适切的工具方面把研究成果和其他同学沟通、交流。

▶ **介绍**

学生在英语语言艺术课堂上都会读到《让圈被绵延不绝》(*Let the Circle Be Unbroken*),这是米尔德里德·泰勒(Mildred Taylor)所写的 20 世纪 30 年代发生在密西西比的故事。其主要人物是一些来自纽约以及南方的家庭成员。老师给学生介绍的背景资料是书中主要人物的经历,这些内容能够增强故事的刺激性和感染力。如果老师知道纽约这一时期的文化知识将加深学生对故事的理解。

老师接着介绍了从 20 世纪 20 年代到 40 年代的哈莱姆文艺复兴,这段时期是黑人艺术家、歌星、音乐家、作家创作蓬勃发展的时期。她通过图片和播放音乐向同学们展示非裔美国人的艺术在那个时期的震撼力及对后世的深远影响。

简单概述之后,老师介绍了多媒体课件项目,这是他们在读这本书的过程中进行小组协作完成的项目。老师解释说，这一研究项目主要关注与哈莱姆文艺复兴密切相关的一些著名人物的生活和作品。学生可以使用互联网、印刷品、音像资料以及从图书馆和媒体中心获取的各式各样的材料。如果小组协作已经学会利用相关软件，也可以利用软件呈现相关材料。老师与教学技术人员已经作过周密计划，确保学生获取所需的技术技能，以达到预期的效果。

老师把全班学生分成六组，每组四个学生。每组发一个文件夹，其中包括活动程序安排、活动要点、团体和个人应该达到的预期目标及将被用于评估的评分标准。最后，她把兰斯顿·休斯、阿隆·道格拉斯、佐拉·尼尔·赫斯顿、贝西·史密斯、鲁斯·麦罗·琼斯、艾灵顿公爵六位艺术家分给各小组。

▶ 实践与评估

每一组的项目必须包括艺术家生活的概述、艺术修养、哲学观、对哈莱姆文艺复兴和后世所产生的影响。每个学生都清楚地知道，他们会以团队和个人的双重身份被评估。因此学生必须：

- 完成该小组规划中适当数量的研究。（要由小组成员加以界定和评估）
- 至少设计与制作一张幻灯片。（提交前要交给教师核对）
- 要能声情并茂地对全班学生介绍自己，信息量要远远大于幻灯片上的内容。
- 对自己小组研究的人物要知之甚详，能周全地回答全班其他同学的质疑。
- 在必要的时候协助小组成员参与规划、研究和编辑。

每个小组根据班级安排做出小组计划，并给每个成员指派具体任务。教师巡视，组间比较，观察个体与群体动态，并根据需要提供必要的指导。然后学生合作确定初步研究的问题，并参观图书馆和媒体中心。

图书馆教师、教学技术专家和学校教师在互联网的使用、资料的筛选和图书馆资源的利用方面要相互协调，给学生必要的指导。教师要让学生了解图书馆的规则和政策，利用搜索引擎、评价网站的方法，以及引用的规范等。同时还应确保学生了解著作权法的有关内容，以便正确使用从网上下载的材料。

起先学生在课堂上进行研究。一旦他们能熟练地运用互联网，就可以在研究会堂及放学后使用图书馆的电脑。一周安排 3 个课时让学生阅读和讨论《让圈被绵延不绝》，每个学生都要在周记上写出对哈莱姆文艺复兴的研究以及对他们理解小说有何帮助。

当学生制作演示文稿时，教学技术人员要对演示软件进行综合性介绍，确保学生完成他们的研究，创造性地制作自己的幻灯片，并练习展示。教师要帮助学生下载和导入媒体文件到自己的演示中，并检查他们引用资料的来源。项目完成时学生核对自己的成果是否符合项目要求，小组成员要经常和老师交流并相互帮助。

▶**最后展示及评价**

学生以小组为单位用大屏幕向全班学生展示自己的成果，每个学生轮流解说自己的幻灯片，并回答全班同学的提问，教师使用评分规则评估。每个小组的项目必须包括一个有意义的题目及对某个艺术家或作品的介绍，某个艺术家的一段重要引述并对其意义和作用做出解释，一张从网上输入的图像、与此相关的乐曲或者印刷材料。此外还要评估学生的周记。

学习反思：

1. 试比较我国课程目标第四学段关于综合性学习的目标陈述与此案例中所陈述的美国英语课程目标，思考一下我国语文课程的学段目标应如何细化、整合？

2. 文本学习和多媒体信息技术相结合是信息时代不可避免的一种趋向，语文综合性学习活动应如何利用多媒体等互联网操作培养学生搜集、处理信息的能力？

第三节 基于语文课程的综合性学习目标的整合策略

一、明确导向性，整合课程目标

语文教师必须认真领会课程标准，把握课程标准对学生的总体期望，并善于将语文课程标准分解整合，具体化为每一学年、每一单元、每一课时的教学目标。

基于课程标准的综合性学习，并不是要求教师把课程标准奉为圣旨，更不是将课程标准凌驾于教师实际、学生基础之上。最关键的问题是教师如何基于课程目标进行分解整合，进而明确评价的目标导向。也就是说，教师设计综合性学习活动之前，首先要明确学生通过学习活动可以获得哪一方面的发展，学生如何证明达成了既定的学习目标，以什么方式呈现这样的学习成果，即明确学习小组和个人应该达到的预期目标及将被用于评估的评分标准。这就能使得学生对学习活动心中有数，从而对学习产生信心。

1. 对应策略

某些课程目标内容可以对应活动设计的目标，以此直接转化为学习目标。例如，针对语文课程标准第四学段综合性学习目标中"能用文字、图表、图画、照片等展示学习成果"这一课程要求，不少综合性学习的成果展示就可以直接对应这一课程目标。

例如，苏教版语文各册教材均设计了若干与综合性学习课标目标相符合的活动内容。如语文实践活动"我爱文学"设计中，要求学生开展读书周活动，进行文学小创作，合作编辑一份"小小文学手抄报"，让学生通过文学活动表达对文学的热爱之情；"市场新商品调查"让学生或就某种文具的购买使用情况组织一次有一定规模的访谈活动，或就某一类家电的营销情况、性能质量等问题做一次调查，写一份调查报告；"社会热点问题研究"则让学生围绕教学改革、课堂教学效率提高、作业量控制等校园热点话题举行一次班级研讨会，写一份《校园热点问题研讨纪要》；"走进图书馆"则让学生实地进行资料、信息的检索，学习如何进行摘录和做读书卡片等。这些活动内容的编排设计，无不和课标中的相关规定相吻合。具体统计可参见表2-3。

表2-3 苏教版语文综合性学习设计与课标目标内容的对照

（注：表中涉及的课标内容以数字代替，分别对应上述课标中的相应内容）

年级	综合性学习主题	涉及的课标相应内容	年级	综合性学习主题	涉及的课标相应内容
七年级上册	我爱文学	1	八年级上册	长城	2，4
	走进图书馆	4		一次有意义的集体视听活动	2
	模拟科技新闻发布会	1，3，4			
	狼	2		（师生自行设计）	2，3
七年级下册	保护野生动物的一次活动	1，2，3	八年级下册	汉字	1，2
				鸟	2，4
	网上读写与交流	2，3，4		如果我主办校刊	1，2，3
	荷	1		市场新商品调查	2
	赛诗会	1		社会热点问题研讨会	3
八年级上册	开展一次爱国主义教育活动	1，3，4		叶	1，2

2. 分解策略

某些课程目标的内容可以分解为几个互有联系的单项指标，以此形成具体的学习目标。如针对语文课程标准第四学段综合性学习目标中"自主组织文学活动，在办刊、演出、讨论等活动过程中，体验合作与成功的喜悦"这一要求，我们就可以将其中的"组织"一词拆解为"计划""实施""评价"等几个环节，从而构成"自主计划文学活动""自主实施文学活动""自主评价文学活动"等学习目标。

3. 组合策略

义务教育语文课程标准分为四个学段，各学段综合性学习的目标要求都不同。通过组合课程目标，各学段综合性学习的活动设计概述如下：

第一学段，要求在活动中用口头或图文等方式表达自己的观察所得、自己的见闻和想法。

第二学段，要求在家庭生活、学校生活中，尝试运用语文知识和能力解决简单问题。

第三学段，要求利用图书馆、网络等信息渠道获取资料，尝试写简单的研究报告，策划简单的校园活动和社会活动，对所策划的主题进行讨论和分析，学写活动计划和活动总结。

第四学段，要求在选出研究主题、制订简单的研究计划后，从报刊、书籍或其他媒体中获取有关资料，讨论分析问题，独立或合作写出简单的研究报告，还要搜集资料、调查访问、相互讨论，用文字、图表、图画、照片等展示学习成果。

其中，某些相互关联的课程标准要求可以合并形成一条学习目标。如在语文课程标准第四学段口语交际目标的第 3 条、第 5 条和第 6 条中分别提到了"自信、负责地表达自己的观点"，"有自己的观点"，"能积极发表自己的看法"等，我们在设计学习目标时，就可以根据具体情况将其合并为一条学习目标：积极、自信地表达自己的看法。

我国语文课程标准虽然对综合性学习提出了评价建议及实施建议，但是这些条目的陈述比较宏观，欠缺实操性，标准所罗列的条目与教材编制的综合性学习活动对应性不明确，这就需要教师对语文课程标准进行分解整合。并且，语文教材中综合性学习的活动设计比较粗疏，除了整体的活动建议外没有具体活动环节的设计安排，教学内容的模糊与教学环节的缺乏导致教师组织活动有一定困难，也容易造成综合性学习目标的落空。比如"心中的美景"活动，要求学生闭上眼睛想象心中美景，"然后用生动形象、有感染力的语言把它描述给同学听听，力求把他们也带进你的美景之中"。这里的"生动形象""有感染力"属于描述性语言，语意不确切，模糊不清，因为在每位教师和学生的心中,"生动形象""有感染力"的标准可能不一样。同时,教材又没提供促成学生完成这一模糊教学内容的具体方法和手段,学生不知道怎样才能达到生动形象,其结果必然是活动目标被架空。

课程标准一般包括学生应该掌握的内容、学生能够达到的行为程度,教师所借助、所使用的材料等条件。对课程目标的分解,就是明确在教学之后应知和能做的目标内容。分解后的活动目标表述要注意:第一,行为主体是学生,即目标是对学生而言的,是描述学生经历综合性学习后应该发生的变化,而不是考查教师做了什么;第二,学习要求要尽可能用外显的行为动词,避免用内隐的心理动词,这样便于操作和检测,也不会产生理解、交流和评价上的歧义;第三,学习条件要尽量考虑过程与方法、情感态度价值观的维度;第四,学习表现程度要由行为要求与学习内容共同来限定。

"遇到危险怎么办"(北师大版《语文》一年级上学期第四单元综合性学习单元主题)

综合性学习第一学段的课程目标:

(1)对周围事物有好奇心,能就感兴趣的内容提出问题,结合课内外阅读共同讨论。

(2)结合语文学习,观察大自然,用口头或图文等方式表达自己的观察所得。

(3)热心参加校园、社区活动。结合活动,用口头或图文等方式表达自己的见闻和想法。

通过组合课程目标,第一学段综合性学习的活动要点是:在活动中用口头或图文等方式表达自己的观察所得、自己的见闻和想法。

在一年级上学期,学生需要循序渐进培养的能力有很多,包括初步培养学生有效阅读课外少儿读物、收集简单资料的能力,以及尝试进行组内合作、大组分享交流的习惯等。"遇到危险怎么办"这一主题,在口语交际活动中增加动作演示,这符合孩子好动的天性,特别是孩子以动作辅助言语的习惯,可以缓解正襟危坐的疲劳,使描述更为形象、生动、有趣,而且,调动学生的经验,联系实际生活情景来谈自我保护,有现实意义。

根据一年级学生的基本情况,此活动目标设计如下:

(1)根据教材单元练习,学用字词句内容进行拓展,通过看图和读拼音,拼读一些常见小动物的名字。

（2）熟练运用"谁遇到危险，就怎样"的句式说话。

（3）针对一种感兴趣的动物，尝试用几句话描述这种动物遇险、脱险的情形，演示它自我保护的办法和动作特点。

（4）借助于教师和同学的提示，说说自己平常可能会遇到哪些危险，自己遇险后应该怎么办。

二、围绕语文性，抓住活动基点

基于语文课程的综合性学习，真正的落脚之处应是在"语文"这二字上，需要教师根据语文课程的目标加以取舍及筛选。教师在设计综合性学习内容时要有语文的标准尺度，把握好各综合性学习中的语文因素，并及时注意学生在综合性活动中的语文综合素养。在具体教学内容的安排上，有学者为广大语文教师给予了"四少四多"的意见："少读图、多读文，少下载浏览、多积累品味，少表演、多表达，少掌声、多反思。"

课例2-4

人教版高中语文第三册"品诗歌，解意象"综合性学习

资料来源：付睿. 新课程背景下语文综合性学习的个案分析：以《月之旅》综合性学习为例 [J]. 语文学刊，2007（16）：38～39.

教师利用一堂课的时间，让学生汇报交流成果，也就是综合性学习的展示阶段。全班共分成四个小组汇报展示成果，应用多媒体投影，一个主持人负责这次汇报展示的组织，一个播放员负责在整个活动过程中播放各组的课件资料。各组内部成员进行分工汇报。第一小组是《月之渊》，从物理科学角度介绍月亮的形状、起源以及人类登上月球的过程（小组成员配合多媒体投影分别介绍）；第二小组是《月之韵》，主要是从文学、音乐艺术的角度配乐朗诵、演唱关于月的诗词和歌曲，如《月光奏鸣曲》《春江花月夜》《二泉映月》等（一个男同学清唱《上弦月》，一个女同学配乐朗诵原创小诗等）；第三组是《月之缘》，探究月亮与历代诗人的情缘，找出与诗人有关的诗句并朗诵解说，如其中有关于李白和月亮的名作朗诵；第四组是《月之情》，主要探究展示云南本土有关月亮的歌曲、服饰等，如真人展示彝族、傣族服饰上有关月亮的配饰。最后总结月亮所代表的各种文化内涵。

三、展现梯级性，搭建训练系统

综合性学习的设计应当按照课程标准中设定的综合性学习目标要求，由浅入深地设计学习方案。活动与活动之间应当建立一种联系，保证训练能力要求上的递进性。

以苏教版七年级下册的综合性学习设计为例，七年级下册共设计了三次语文实践活动和一次专题，分别是"保护野生动物的一次活动""网上读写与交流""赛诗会""荷"，这四次活动的主题各不相同，活动与活动之间没有任何联系。这可能会导致活动只成为一次任务，任务一旦结束，学生也就停止了相关的探究及训练，甚至忘掉了此次活动的相关信息。苏教版语文教材设有"专题"板块，选择值得关注的问题和容易激发学生兴趣的话题进行专题学习和探究，力图集中地体现研究性学习和跨领域学习的课程目标。但是，各个专题活动在整体上来看是互相分离、各自为政的。

因此，每册教材的综合性学习应当依据课标进行整合，预定一个总的主题，然后围绕这个主题设计4~5个子活动，分别安排在"语文实践活动"和"专题"之中。语文实践活动主要是围绕子活动开展一些实践性的言语实践，专题主要是围绕子活动开展探究活动和跨领域的活动。这样，每册书中的活动之间就有了一个内在联系，每一次综合性学习的开展都为下一次综合性学习的开展做了必要的准备，活动与活动之间的整体感、联系感加强，学生一学期内的综合性学习也就有了一个明确的、相互联系的目标，整个学期的综合性学习活动也就不会显得频繁而凌乱。

四、突出专题性，保障探究空间

课程标准中提出，课程目标根据知识和能力、过程和方法、情感态度和价值观三个方面设计，这三个方面要相互渗透，融为一体。不少语文教材的综合性学习设计较注重知识和能力、情感态度和价值观方面因素的渗透，但在过程和方法方面则略显不够。如苏教版语文教材的综合性学习设计在一些语文实践活动中做了一些简要的指导，但是指导的范围也仅限于对开展某一种活动程序的指导，而对于在活动过程中应该注意什么，具体的某一项活动如调查、宣传等可以采用哪几种方法就很少涉及。至于在"专题"中，编者对整个探究活动过程和方法的指导就更少了，只是让学生就一些问题进行探究，而没有引导学生如何探究。因而，综合性学习活动的探究性目标有待加强落实。这类问题的解决就可以求助于专题型的综合性学习。

专题，顾名思义就是以某个内容为线索，进行相关信息的集中搜集、整理、探索研究工作。综合性学习的专题设计，围绕语言、文学、文化三个方面设计，是课内学习的延伸与拓展。设计这样的专题活动，意在引导学生观察语言、文学和中外文化现象，学习从习以为常的事实和过程中发现问题，培养探究意识和探究能力。"专题型"的"专"可以凸显内容的针对性。在主题统摄下所设计的内容都是为了达到专题目标而有针对性地设计的，体系相对系统和完整。其中，立足文本是基础，问题探讨是核心，活动是实现方式。

综合性学习的另一个重要特征就是探究性。综合性学习要和学生的实际生活相联系，引导学生探究"解决与学习和生活相关的问题"，"学习和生活中感兴趣的问题"，"自己身边的、大家共同关注的问题"等。苏教版语文教材设计了"专题"这样一种综合性学习，其设计思路就是要实现跨领域学习目标和探究学习目标。但是，"专题"在探究的深度上还有可上升的空间。

以"荷"专题为例，在"议荷"这一环节中，编者设计了诸多探究问题，如"荷花有哪些名称？专题中的文章和资料写出了荷花各部分的哪些特点？说明了荷的哪些价值？""××、××、×××的文章各是从哪些侧面来赞美荷的？它们又有什么共同点？"等等。这些探究问题大都是让学生对前面所给资料中的具体问题进行分析，探究的范围仍然局限于所给的资料，探究的深度和广度都很有限，空间狭小，达不到探究的目的，而且设计的问题也较普通，缺乏挑战性和趣味性，不易激起学生强烈的探究兴趣。教材中提供的资料只是探究活动所需的一部分信息的来源而已，教材设计应该从提供的资料进行延伸，引导学生就社会生活中的"荷"现象、"荷"文化进行较深入的探究，这样才能发挥专题的作用，否则也只是识记资料中的知识而已。并且，教材中设计的探究问题过多局限于对所给资料的分析与理解，非常容易导致教师对教材设计的误用，把它当成一篇课文来教，然后把设计的探究题当成课后的思考练习题。如此一来，专题设计也就形同虚设、毫无意义了。

▶ 课例 2-5

高一语文综合性学习：对文学作品主题的多种解读

活动背景：高中语文课程标准主张语文学习个性化、阅读个性化，尊重学生在学习过程中的独特体验。文学作品个性化解读，是由文学作品本身内容的多样性和丰富性决定的。阅读者个人的性格、学养、阅历等又是千差万别的，对同一形象产生不同联想、想象，不同感悟，不同积淀，正是文学作品的价值所在。多年来，由于多种原因，对文学作品的分析理解被特定的社会观念束缚，课本、教参、教师、专家对作品的解读走向了单一化、概念化的死胡同。而课堂上，许多学生表现出的对问题思考的富有个性的见解往往不被重视，抑制了学生思维的创新。语文综合性学习多样理解专题的设计，正是对这种不真实的阅读和教学的解放。

活动目的：培养学生对文学作品主题、形象、艺术手法的多样性的认识，发挥阅读主体的主观能动性，鼓励学生独到的、个性化的、有价值的理解，提高阅读的效果。同时，通过多角度的解读、对比阅读和不同见解的讨论、对不同见解产生原因的研究，以及创造性学习的续写等多种方式，使自己在研究整理、合作争鸣、发展创新等多方面的能力得到锻炼和提高。

活动步骤：课文重读—讨论商榷—续写改写。

活动设计说明：三项活动步骤的设计呈现由易到难、由浅到深的梯度。完成三项任务，学生要在感受的深度、理解的角度、判断推理的方法、形象和观念的语言转化、研究商榷的良好意识和习惯等多方面得到提高。教师可以根据具体情况做必要的调整。

三项活动内容及要求：

（1）课文重读：重新评价学过的课文《祝福》，质疑人云亦云的评价，说出对作品人物形象或主题至少两种不同的理解，要求写成书面报告。

（2）讨论商榷：要求学生对新的作品《山行三题》（散文，作者：陈国榕）进行阅读领悟，就其主题同持不同见解的同学展开讨论，然后写成短文在班上交流。对不同见解产生的原因做深入的探究，概括出三五条。

（3）续写改写：在个性化理解的基础上，把自己的理解感悟变成具体的形象。续写要求要尊重原作，有自己的创造，合情合理。比较不同的设计，领悟其中的道理。对个别基础薄弱的学生，只要求有自己的设计就可以，例如，为《边城》中翠翠的命运设计不同的结局……

专题型的综合性学习还可以结合先进的学习方式如发现式学习、研究性学习等，针对学生比较难以理解掌握的重点难点进行设计，比如，鲁迅先生的作品。

鲁迅是一代文学巨匠，是20世纪最伟大的作家之一，他的作品在现当代文学中的地位是无法比拟的，无论在文化、文学，乃至思想界的影响都是巨大的。鲁迅的作品也是我国中学语文教学过程中的"重头戏"。可是，一直以来却无法被同学们广泛地接受，很多同学都不喜欢。

原因是，鲁迅的作品不容易看懂，理解不透。关于这一点，鲁迅自己也早有说明：

"我的文章，未有阅历的人实在不见得看得懂……"（《给友人的信》）

"拿我的那些书给不到二十岁的青年看，是不相宜的，要上三十岁，才很容易看懂。"（《给年轻人的信》）

但是，我们不能以此为借口就放弃对这位伟人的解读。时至今日，鲁迅先生的作品仍然有着非凡的认识价值。我们必须重视，积极地引导学生"走近鲁迅，学习鲁迅，研究鲁迅"。据此，教师可以设计一个"我看鲁迅先生"的专题。可以根据学生需要，设计多个专题名称，以"问题探讨"为主线索，着眼于学生发现问题、分析问题、解决问题能力的培养。让学生根据自己的兴趣、能力等，任意选择一个角度进行专题探讨，最后把研究成果拿出来资源共享。比如下面的问题设计：

不断追求的人生——论鲁迅的生活道路

鲁迅思想的形成

鲁迅的"生活经历"与"思想经历"

思想家鲁迅

爱国者鲁迅

论鲁迅的梦

时代对鲁迅思想和创作的影响

文学家鲁迅

论鲁迅的创作思想

《呐喊》的思想与艺术

《呐喊》中某作品的研究

鲁迅小说人物研究

启蒙者鲁迅

巨匠鲁迅

鲁迅与中国文化

鲁迅作品的语言艺术

鲁迅思想对青年的影响

要求学生依据选择的专题，搜集有关鲁迅先生的资料，结合原来学过的鲁迅先生的作品，做一个整理：

①列出你所接触过的鲁迅的作品（包括教材内篇目与课外自读篇目）。

②阐述你对其中印象比较深刻的作品的感受（喜欢，说出喜欢的理由；不喜欢，也思考一下不喜欢的原因）。

③讲讲你所查阅到的有关鲁迅先生本人的故事和当时的社会背景介绍。

④结合研究资料，谈谈你对鲁迅先生的理解。

活动开展过程中可以与写作结合起来，不仅对该专题的研究起到弥补、拓展、延伸、整合等作用，还可以检验学生参与其中的程度和效果。同时，体验后的资源共享也可以让学生在其他同学研究的过程中，寻找自己曾经的影子，看到自己的优势，积极反思自己与别人的差距，更有利于取长补短。

学习反思：如何恰当地设计综合性学习的活动目标？活动目标的设计如何与语文课程标准建立起联系？

本章小结

课程目标根据知识和能力、过程和方法、情感态度和价值观三个维度设计。三个方面相互渗透，融为一体，且各个学段相互联系，螺旋上升，最终全面达成语文素养的整体提高。课程目标对综合性学习的目标界定体现了三维目标的整合。

基于语文课程的综合性学习以学生语文素养和综合能力的协调发展和整体推进为追求目标。综合性学习目标体现了能力多元化特征。

基于语文课程标准的综合性学习，其基本策略是：明确导向性，整合课程目标；围绕语文性，抓住活动基点；展现梯级性，搭建训练系统；突出专题性，保障探究空间。

▶ 思考与练习

1. 分析以下综合性学习的目标设计是否妥当。

"戏曲大舞台"活动目标：

（1）通过了解中国戏曲，培养学生对中国传统文化的热爱，并提高学生的艺术欣赏水平。

（2）了解中国戏曲的基本知识，鉴赏中国优秀戏曲。

（3）激发学生对中国戏剧艺术的兴趣，提高学生的艺术品位。

（4）了解中国戏曲艺术，培养学生的语文能力。

2. 根据《义务教育语文课程标准（2011年版）》第三学段的综合性学习目标，确定一个综合性学习活动主题，拟定目标并陈述依据。

▶ **阅读链接**

1. 巢宗祺. 语文综合性学习的价值与目标定位［J］. 人民教育，2005（5）：24-28.

2. 李海林. 活动量、活动对象和活动成果的语文性：对一个语文综合性学习的案例分析［J］. 语文教学通讯，2006（9）：7-9.

3. 黄珞珈. 初中语文"综合性学习"目标的认识及尝试［J］. 语文教学与研究，2003（1）：14-16.

第三章
基于语文课程的综合性学习
实施的基本程序和方式

▶ **本章学习目标**
（1）明确综合性学习的基本程序。
（2）把握综合性学习实施的基本方式。

▶ **本章核心概念**
综合性学习的实施程序　综合性学习的活动主题　综合性学习的实施方案

▶ **导入案例**

　　某教师组织了一次"走进瘦西湖"的综合性学习，第一阶段是全班参与，目的是初步了解瘦西湖的基本情况，收集瘦西湖的资料，比方说瘦西湖的历史、景点的分布以及来历、流传的故事等。把学生分成若干个小组，以小组为单位，每个小组分配具体的任务，比方说"五亭桥组"，在游览时就给大家介绍五亭桥的来历、特点以及与它有关的诗句等。然后组织学生实地游览，为后面活动的开展奠定基础。第二阶段学有余力的小组继续开展后续研究，深入解读瘦西湖的历史、现状和将来，比方说如何美化瘦西湖、宣传瘦西湖、保护瘦西湖等。

　　提问：你能根据以上思考列出一份综合性学习的活动方案吗？你知道综合性学习的基本实施程序有哪些吗？

第一节　基于语文课程的综合性
　　　　学习实施的基本程序

综合性学习是一种特殊的语文课程形态。从实施综合性学习的一般过程来看，一项完整的探究活动大致要经历五个阶段：确定主题—制定方案—探究实践—展示结果—总结。

一、确定主题

确定综合性学习活动的主题，首先要依据课程标准，从课程标准的导向中领悟选题理念，从而把握主题方向；其次是依据教材，结合教材去探寻主题，有利于学生单元学习内容的进一步消化理解，也有利于建立课本与生活的联系；最后是依据学生，要依据学生的实际，从学生的学习能力、学习状态、学习兴趣、学习环境等方面出发，确定实践主题。

按语文课程标准的提示，综合性学习主要在以下几方面展开：
①语文知识的综合运用。
②听说读写能力的整体发展。
③语文课程和其他课程的沟通。
④书本学习与实践活动的紧密结合。

也就是说，综合性学习既要以选文为基础又要不拘泥于选文，要超越教材选文，从学生生活实践中引出综合性的语文应用课题，再引导学生在实践活动的过程中探索、积累和完成这些课题。并且，语文课程标准强调，第一学段要"对周围事物有好奇心，能就感兴趣的内容提出问题"，第二学段要"能提出学习和生活中的问题"，第三学段要"解决与学习和生活相关的问题"，第四学段要"能提出学习和生活中感兴趣的问题"。这些建议都为综合性学习的主题设计提供了导向。

综合性学习活动主题的确定，应该由学生自己做主。语文综合性学习的主题设计，首先不是确定教师该教些什么、学生该学些什么，主题设计要注重来自学生的问题，要思考学生关心什么、对什么感兴趣。确定主题的方式，可以让全班学生各自提出一个主题，并陈述确定这一主题的理由以及完成这一主题的现有条件，然后组织学生对众多的主题进行甄别遴选，最后由学生确定活动主题。在这一环节中，教师的责任是给予指导而不是越俎代氛，教师以"平等中的首席"的身份参与讨论，但主题最终还是由学生来确定。在实施综合性学习的起始阶段，可以由教师提供课题，同时教师必须向学生说明为什么要确定这样的课题，把产生课题的过程展示出来，这对学生进行学习策略指导极为重要。在引导学生确定探究的主题时，除了要教给学生如何寻找主题的有关方法外，还必须考虑主题对学生发展的价值，也就是说通过对这些主题的探究，可引起学生们对自然、生活、社会的关注，有助于他们形成良好的情感、态度、价值观。学生拟定的课题五花八门，教师应指导学生进行课题价值评判，去粗取精。当学生具备精选课题的意识和能力后，教师就应该完全放手，让学生自主确定课题。课题学习进入这个阶段才是真正意义上的自主学习。

综合性学习活动主题的来源，可以依据教材单元的安排，可以是语文课程与其他课程的内容组合，还可以是学生所接触的社会生活、科技生活、自然环保、生活现象、家庭生活、学习生活、经济活动、旅游资源、民俗民风、民族文化、民族音乐、民族建筑等。这其中，要突出师生、课本在资源开发中的地位。综合性学习是开发语文课程资源的主要渠道，教师应当以课本为基础，根据各地资源特色，对课本综合性学习进行补充和改造，不能舍本逐末大搞非语文活动设计。

综合性学习活动主题的数量可以是一个，也可以是多个。多个活动主题的产生主要是满足不同层次学生的综合性学习需求。从总体来说，语文教材中综合性学习专题的安排比较充分地考虑了学生身心发展的水平，但是有些选题过于成人化、社会化，不合学生口味。如"世界何时铸剑为犁""关注我们的社区"等，难以激起学生的学习热情。教师应具有开放意识，善于筛选，敢于突破，深入了解学生，选取学生当下学习、生活中经历最多、体验最深、感受最强烈的内容作为主要选题，让他们进一步探究。例如："追星""恋爱""学习压力大""非主流"等中学生谈论最多的热门选题；"自我""孤独""朋友""与父母之间的代沟"等中学生现阶段最困惑的情感选题；"竞争""贫富""诚信"等现实生活中最突出的社会选题。只有当学生对其学习内容产生兴趣，兴致勃勃地参与到活动中来，他们才会去积极思考，学有所得，并由此发展他们各项智能，塑造其健全人格。

二、制定方案

当综合性学习的活动主题确定以后，随之而来的就是制定综合性学习的活动方案。如果全班共同完成一个活动主题，那方案就由全班同学来共同讨论决定。如果当次综合性学习有多个主题，方案就由相应主题的成员来决定。不管是哪一种主题方式，活动方案的制定都要由全体或相关学生讨论决定，教师只能给予适当的点拨，帮助学生丰富和完善方案，而不能用自己的方案去取代学生的方案。因为制定方案的过程同样也是综合性学习的学习过程。

对于综合性学习方案的制定，根据各学段学习的认知特点，必须经历一个由扶到放的过程。第一学段年级、第二学段年级的学生主要以"扶"为主，第三学段年级、第四学段年级的学生主要以"放"为主，扶放结合。在语文综合性学习的起始阶段，教师应该让学生了解一项语文综合性学习的方案，大致包括项目名称、研究人员、研究目的、研究的内容与方法、研究的步骤及时间安排、预期的研究结果等内容。制定学习方案，可以增强研究的目的性和计划性。研制综合性学习方案的过程是培养学生规划、组织能力的过程。学生应自主研制活动方案，这样才能真正理解所开展的综合性学习活动的意义和价值。

综合性学习活动方案的基本要素包括活动名称、活动背景、活动对象、活动目标、活动主要方式、活动时长、活动过程（活动的步骤及实施的要点等）、评价建议等。

1. 活动名称

活动名称来自活动主题的确定，活动主题的来源是多途径的，或由学校或教师提供选题范围，或由教师与学生共同确定，或由学生自己选择确定。

由学校或教师提供主题的方式比较适用于刚刚开始综合实践活动的学生。具体做法：每学期的第一节课定为选题课，师生共同筛选确定活动主题。教师将资源包中的课题以及当前社会上的热点问题、学生在生活中感兴趣的问题结合在一起，作为待选课题提供给学生，让学生共同商议具体活动主题。在一些特定的情况下，如在举办奥运会期间或重大节日等情形下，教师也可以根据实际情况直接提出活动主题。

活动主题由学生和教师共同参与的形式是现实中较为常见的主题生成形式。这种方式能较好地体现学生的自主性与教师的指导性。具体的操作大体为活动开始时教师通过创设情境引起学生的关注和兴趣，调动学生的参与积极性。教师要为学生设置某种情境或划定某个范围，由学生自己确定活动主题。

▶ 课例 3-1

在日本的一所小学，三年级某班的一次教学主题是学生如何为社区做贡献。经老师一番启发后，同学们各抒己见，课堂讨论热烈。有个学生说，我们社区少了一只邮筒。老师眼睛一亮，觉得在理。他问："为什么说少了一只邮筒？"这个问题反过来就成为增设邮筒的理由和条件是什么。然后将问题分成若干个小问题：社区成员即学生的家长是否认为增设邮筒有必要？邮递员、邮政所所长怎么看？增设邮筒的政策有什么规定？如果增设，经费有没有困难？邮筒设在什么地方？同学们分组讨论，课堂气氛非常活跃。

　　由学生自己选择活动主题的方式适合于高年级学生。他们知识经验比较丰富，对综合性学习有一定的认识，教师只需要在学生选题的目的性和可行性方面进行必要的提示，其他方面不用过多地限制。为了避免学生仅仅出于个人喜好而选择活动主题，教师在学生自主选题时不妨提供一个自审思路：我最想研究的是什么？对于这个选题，我的有利条件有哪些？我的研究方法是什么？选择独立研究还是合作研究？

　　2．活动背景

　　活动背景就是回答为什么要选择这个主题的问题。可以简要阐述主题形成的起因和经过，简要分析主题活动的内在意义和价值。

　　3．活动对象

　　活动对象是指适合参加此主题活动的学生。

　　4．活动目标

　　活动目标是指在这个主题活动中学生将获得什么。

　　活动目标的拟订强化学情意识，基于学生的学习实际拟定教学目标。语文课程目标是从宏观角度对综合性学习提出导向限制，学生的学情则是对活动内容的具体限制。活动目标的设计要结合活动内容的特点和学生的学习实际。所以，教师设计活动目标时要认真分析班级情况，把握学生综合实践活动能力的实际起点和认知水平，活动目标的水平应符合每个班级的实际情况。同时，拟定教学目标时应尽可能考虑学生的个别差异。"十个指头总有长有短，荷花出水总有高有低"，同一个班中学生间的个别差异总是存在的，因此，要尽量使不同的学生能以不同的方式在不同程度上达到所制定的教学目的。

　　活动目标的陈述要规范。活动目标的设定应当突出活动的独特性，指明教学过程结束后学生身上所发生的行为变化。因此，活动目标务必以可操作的行为方式具体地陈述目标。一般而言，目标应包含的四个要素分别是：①学习者，即学生，而非教师；②行为，即描述学生通过学习可能发生的变化或能够达到的结果，尽量使用可操作、可观察的动词，例如"说出""绘制"等描述学生的学习行为；③行为条件，即指出学生借助哪些条件达成变化，如"借助工具书"等；④程度，即描述学生达成目标的最低要求，用以检验教学目标的达成度。不少教师在陈述活动目标时常常套用句式："通过教学，使学生了解……，使学生掌握……，使学生认识……"，这一教学目标的拟定是典型的教师本位的体现，其行为主角是教师而非学生。课堂教学目标是指学生通过课堂教学活动所要达到的预期的学习结果或最终的行为变化，不应用教师行为、教学环节的开展取代学生学习行为。这样只会导致教师"使能"的情况成为教学评价的重要的行为观测，而学生倒退为教学有效性的其次，偏离了教学目标的本质，即无法体现"预期的学生的学习结果"。

在综合实践活动中，一个主题活动往往能实现多种目标，培养学生的各种素质和能力。但在设计一个具体的主题活动的目标时，可以根据活动主题、学生活动的特点、活动内容来确定它的重点目标，不需面面俱到。根据实际情况突出重点来制定的简明目标对活动更具指导作用，便于记忆，能更好地发挥其导向性的作用，使活动的目标设计具体、集中、便于操作。

5. 活动主要方式

这是指综合性学习实施、开展过程中主要的操作方式。一般而言，活动方式主要有资料查阅式、人物访谈式、阅读欣赏活动式（文本资源欣赏、影视资源欣赏）、调查研究式等。

6. 活动时长

活动时长是指活动起始至活动结束之间的时间长度。活动时长包括活动的总时长和具体活动环节安排的大概课时数。

7. 活动过程

活动过程主要指活动的步骤、教师的指导重点、实施的要点等。这个环节是活动方案设计的重点，活动过程主要包含活动准备、活动实施和总结反思。

活动准备主要包括活动选题的指导、活动小组的组合与分工、活动实施前期的相关工作。

活动实施阶段是综合实践活动最核心、最活跃的中心环节，也是综合实践活动课程的核心价值之所在。活动实施阶段主要是到实践现场去实践体验，学生在活动中学会了观察和思考、分析和研究。

总结反思阶段的活动要点是整理活动过程中获得的资料、经验、结果和感受，形成对问题的基本看法、问题解决的基本经验；选择适当的形式表达实践活动的成果，并进行成果的展示与交流；通过写感想、写心得等方式反思自己的实践活动历程，在活动过程中的体验、认识和收获，综合评价自己的实践活动。

8. 评价建议

评价是综合实践活动课程实施的重要组成部分，是实现综合实践活动目标的有效手段和保障，它贯穿于综合实践活动的全过程。活动方案的设计也必须要突显活动的评价。这部分应该重点突出活动的评价方式。

课例 3-2

"这就是我"活动方案

活动主题：这就是我。

活动参与人员：七年级学生。

活动目的：七年级的学生刚踏入中学的大门，对周围的环境充满了新奇感，他们想融入这个陌生的新环境里，他们想了解别人，也想让别人了解、接纳自己。综合性学习"这就是我"作为中学的第一次综合性学习，刚好为同学们提供展示自我、认识自我的平台。所以这次活动应给予学生展示自我的自主性，不限制形式，教师应以鼓励的态度让学生大胆地说出自己的特点，通过语言的交流打破陌生的氛围。

（1）能用恰当的词汇形容自己的特点。

（2）以掌握口语表达的技巧为主，以图片展示或多媒体手段为辅。

（3）在活动中正确认识自我，与同学建立良好的人际关系。

活动重点：能用恰当的词汇形容自己的特点，正确认识自己的优缺点。

活动难点：如何创设活动情境促进口语表达技巧的掌握。

活动主要采用的方法：自主学习；小组合作探究；谈话式导入法。

活动主要步骤：

（1）活动准备阶段。

①教师利用开学第一天的自习课时间向学生讲解"综合性学习"的含义及作用。

②落实小组的编排，合理分配人员。

③布置每个学生准备两本综合性学习的本子，一本作为资料收集本，一本作为《综合性学习成长册》的个人成果展示本，并交代如何进行设计。

④向学生介绍收集资料的方法。

⑤在课堂活动开展前，布置家庭作业：思考"我是谁"；了解自己在父母心中的形象；从熟悉自己的同学、朋友、亲人那里了解自己的优缺点；读一读名人的故事，结合自身谈感想。

（2）探索实践阶段。

①独立思考。

学生对教师所布置的作业应独立进行思考，并主动向父母、同学、朋友了解自己在他们心目中的形象，先把所听、所读的有关名人成长故事的感悟写在资料本上，再整理到《综合性学习成长册》的相应专区，自行设计本期主题的版面，可以图文并茂，发挥自己绘画、书法的特长。

②协作学习。

小组成员合作探究，先互相自我介绍，加深了解，再确定小组节目的形式，如可以选出小组之星，为小组成员的才艺表演提出改进建议；或是小品合作训练，可以模拟"面试"。

③课堂活动过程。

a. 创造教学情境。

利用每次课前五分钟的"脱口秀"，可以让学生练习自我介绍或谈谈所听到的别人对他的看法。

活动展示课上，教师先播放第一单元有关成长的阅读课文的相关幻灯片插图：《在山的那边》《走一步，再走一步》《短文两篇》《童趣》《紫藤萝瀑布》，然后让学生畅所欲言，讲讲这些课文给了自己什么样的人生启示，接着向学生提问：踏入中学的大门，你成长了吗？

b. 开展活动。

用两个课时的课堂时间展示活动主题。首先，教师通过带领学生复习本单元有关成长的课文来导入活动，然后各小组进行成果展示，形式自定。可以推荐小组成员进行才艺表演展示，如唱歌、朗诵等，也可以模拟"面试"。

c. 效果评价。

先让同学们展示个人成果，再小组互评，最后由教师根据"语文综合性学习成绩评定表"评出个人的成绩及小组前三名。

（3）总结阶段。

教师用自己的语言对本次综合性学习进行总结，在肯定同学们的精彩表现的同时，要指出大家在口语表达方面需要完善的地方及对"这就是我"活动的合理点评。

预期活动结果：

（1）结合本次综合性活动，写出一个真实的、有个性的自己，注意如何选择一个合适的角度来表现自己，如突出个人某一方面的特点，或多角度介绍自己等，写出新意、写出个性。题目可以是《我》或《这就是我》等。

（2）整理《综合性学习成长册之"这就是我"》，并进行相应的自评。

活动方案并非要求面面俱到。各项活动应各有特色、各有侧重，但都必须做到目标任务明确，重点步骤清楚。在学生研制方案的过程中，教师可根据实际情况，有针对性、重点地加以辅导，使活动方案详略得当、切实可行。

日本中学生自主制定的课题研究方案（侧重研究活动前的准备）

1. 课题名称：关于食物垃圾的产生和作用的思考
2. 研究条件分析
（1）获取食物的途径。
①从环境的角度：调查研究生产环境、农业、水产业、养殖业等。
②从垃圾问题出发，调查流通领域：商品的规格化和垃圾；超级市场、24小时店中的垃圾量。
（2）关于家庭中的食物垃圾（以自己家为对象）。
①通过实际操作，观察食物材料中变成垃圾的比例大小。
②分析购买的食物材料和它的可利用比例。
③分析剩饭的量及比例。
（3）调查饮食店和大饭店倒出的剩饭数量不断增加的原因。
（4）思考食物垃圾的利用方法。
3. 必要条件（资料、时间、经费、人力、社会团体、实验、范围）的筹备
（1）资料：佐野县，《日本的垃圾》，竹真文库1997年。
（2）调查、取材地：农家、养殖者、销售市场（包括饭店）。
（3）通过文献明确访谈调查项目。
（4）统计资料、问卷、录音设备、照相机、地图。
4. 活动计划
（1）5月，通过调查研究，确定学习内容和方法。
（2）6月，通过文献等调查，确定课题前期的预备性知识；思考访谈调查的内容；用电话联系调查地点。
（3）7—8月，进行调查，观察实际现场的状况，归纳总结感受；钻研使用食物垃圾积肥的策略。
（4）完成课题研究报告。

三、探究实践

探究实践是综合性学习的重要阶段，其基本形式就是围绕当次综合性学习主题，学生以小组或个人为单位展开某一方面的探究实践活动。通过对小组或个人所获取的材料或事实证据的分析和整理，并在小组范围内进行交流和论证，形成对小组或个人所承担的具体任务的正确解释。

（一）围绕活动主题组建活动小组

根据综合性学习主题的不同，小组和个人活动的方式也有所不同。如果当次综合性学习不止一个主题，而是多个主题，那每个主题就是一个独立的研究实体，在这个研究实体中，可以分组也可以不分组，一切视具体情况而定。在多个主题中，一个小组承担一个主题比较合适。主题的容量不同，分组的组数也就有所不同。分组要有针对性，主题分解为几个小活动主题，学生就分成相应的几个活动小组。一般来讲，一个小组 6 人比较合适。每个小组成员要有具体分工，各自承担具体任务。

活动小组的组合以"组间同质、组内异质"为原则，尽量在性别、兴趣、能力、学习成绩等各方面合理搭配，主要考虑如下因素：组内成员不同的特长和爱好、组内成员水平能力的差异、组内成员各自具有的条件。比方说在"亲近家乡的民俗"语文综合性学习中，首先，教师应当在全班开展一次问卷调查，根据学生的兴趣以及对家乡民俗的了解程度将学生分成相应的小组。教师应当对小组成员进行适当的调整，保证每组成员在性格上互补：既要有内向型的，也要有外向型的；既有办事沉稳的，又有大胆机智的，这样小组成员在一起才能相互学习。其次，保证每组成员在能力上互补，一个班级里学生的能力有强有弱，所以在划分小组时应当是强弱结合，使各小组整体水平处于旗鼓相当的状态。最后，保证每组成员在优势上互补，比方说在"民间工艺"这个小组中，应当有擅长交际的、擅长拍照的、擅长采访的等。每个成员各有千秋，就可以取长补短，共同发展。

在实施综合性学习前，向学生开诚布公，强调要做到以下几点：第一，小组成员固定，不要随意变动，以组为单位，实行组长负责制，培养团队的互助、合作精神。第二，综合性学习是每个同学必须要完成的学习任务，其表现可作为语文期末综合成绩的平时成绩之一，要求每个同学必须参与，组内分工有序。小组竞赛，重在过程的参与，享受综合性学习的快乐。合作小组中常用角色及其任务见表 3-1。

表 3-1　合作小组中常用角色及其任务

角色名称	角色任务
组织者	引导小组活动，保证小组工作并确保每个成员知道工作指令是什么
检查员	检查小组成员是否完全理解
记录员	记录小组活动或讨论结果
报告员	汇报本组活动情况，与其他小组联络以及与全班交流
监督员	监督小组成员的活动情况，诸如小组成员活动纪律或监督小组讨论声音不要过大
鼓励者	鼓励小组成员参与活动，各抒己见
质疑者	从不同角度甚至是相反的角度提出看法

　　小组和个人的主要活动方式有参观访问、座谈调查、现场采访、查阅文献、网络搜寻、实物取样等。这些行为方式，就是要求学生在探究阶段中，用自己的眼睛去看，用自己的手去记录，用自己的行动去体验。这是探究阶段的基础性工作。

表 3-2　小组活动分工

	活动前的准备		
小组名称			
活动目的			
分工	任务	负责人	途径
预设困难			
预设活动效果			

（二）搜集和整理资料

　　搜集材料即根据预设的主题通过一定途径获取相关论据的过程。该过程可以使学习者对课题的认识更加深刻。搜集材料的途径应该多种多样，如图书馆、阅览室、书店、网站等；材料的来源也多种多样，如著作、各种期刊、报纸、文件等，尤为重要的是要对搜集的材料去粗取精，对材料做不同程度的阅读，如浏览、略读、精读，要养成不动笔墨不读书的习惯，做摘录、提要、卡片，并根据研究计划对材料分类整理。此步工作很重要，会给不同类别的实证和解释带来方便。

搜集的资料大体可从这样几个方面进行整理。

①切合当次综合性学习活动主题的实物及文字、图片资料。
②与当次综合性学习活动主题相关联的现场采访记录或采访音像资料。
③与当次综合性学习活动主题相关联的古诗词名句。
④与当次综合性学习活动主题相关联的故事、文章。
⑤与当次综合性学习活动主题相关联的古今人物轶事。
⑥与当次综合性学习活动主题相关联的语文课程和其他学科课程的相关内容。
⑦与当次综合性学习活动相关的自然世界中的自然形态和人工形态。
⑧与当次综合性学习活动主题相关的家庭资源等。
⑨与当次综合性学习活动主题紧密联系的各种文化现象。
⑩与当次综合性学习活动主题有关的政策、法规等。

（三）形成解释

形成解释，即学生根据材料提供的实证形成对研究主题的看法。所谓看法，只是针对学生原有的认识水平而言，只要超越了原来的认识，或对某一问题的看法更系统、更全面、更深刻、更有创意，该看法就有存在的价值。所谓形成，即占有材料形成结论的过程，包括拟标题、概括基本论点、分解基本论点、形成每一部分的分论点、安排段落并分类材料，最后对提纲做进一步的调整和增删。

面对一大堆材料，如何形成解释报告，就需要教师进行指导。如围绕主题，分门别类进行材料的整理分析，得出不同类别的问题结论，然后从中提炼出整个报告的核心内容或最主要的观点。如果内容比较多、规模比较大，可以采用一人负责一部分或几部分，最终合成整体报告的方式。关于报告的撰写，教师对学生的指导内容包括以下几方面：报告撰写的格式指导；明确报告的对象范围，特别指出对象范围要具体准确；提醒学生报告要实事求是，注意行文的语气尽量客观中立，不带感情色彩；指出报告的材料引用要具体清楚，建立版权意识；提醒学生撰写报告的观点必须明确，研究报告应该有明确的赞成或反对态度，如果小组内不能达成统一观点，也需要明确提出对某一问题的不同看法。

四、展示成果

展示成果是综合性学习的一个不可分割的环节。展示成果阶段的基本特点是在教师的策划和组织下，围绕当次综合性学习主题，各个小组或个人用口头、书面、实物或表演等形式依次展示小组或个人所承担的探究任务的探究成果。

探究实践活动告一段落之后，教师要及时引导学生交流与分享探究的成果。展示的过程就是交流的过程。交流的目的不是评判探究成果的多少与优劣，而是创造一个真诚倾诉和启迪思维的机会。通过活动成果展示环节，学生倾听他人的活动成果和心得感受，同学之间交流与分享成果内容。活动成果不仅包括物化的研究报告、改革建议、图片资料等，还包括实践活动的过程和内心体验。例如，在探究过程中曾遇到过哪些困难，这些困难是如何克服的，克服困难后心理感受怎样，等等。另外，在交流与分享时，可以在某小组发言的基础上，其他同学对他们的发言内容提问或提出建议，使交流的过程成为全班同学共同反思的过程。在此阶段，学生将对独立探究或小组合作中所取得的学习收获进行整理、加工和发表。

展示阶段的基本程序如下。

（一）教师介绍当次综合性学习全程进展情况

教师以"平等中的首席"身份介绍当次综合性学习活动全程进展情况。内容包括如何确定本次综合性学习的学习目标及能力要求，如何确定本次综合性学习的研究主题，如何对本次综合性学习主题进行分解，如何制定本次综合性学习的学习方案，对学生如何进行分组及内容分工，如何确定本次综合性学习的研究方法，如何划分本次综合性学习活动的课型及各个课型的具体任务等。

（二）学生主持人说明本次展示交流活动的大体安排

说明的具体内容包括本次综合性学习的探究主题、本次综合性学习探究主题的各子课题、本次综合性学习的分组情况及各组承担的具体任务、各组展示的先后顺序及串联词、每组展示完毕之后稍作评价等。

（三）分组或个人展示探究成果

小组负责人简单介绍情况：小组或个人在当次综合性学习主题中所承担的具体的探究任务；小组或个人在所承担的具体的探究任务中的具体分工；

小组或个人在完成所承担的具体的探究任务过程中所采用的方法；小组或个人为完成所承担的探究任务所做的工作；小组或个人在分析和整理材料过程中的探究情况；小组或个人探究过程中的主流意见或不同意见。

各小组或个人展示交流内容，可以是小组合作的探究成果，也可以是个人探究的单项成果；可以是可观可感的图片实物成果，也可以是某一事件的模拟表演、现场采访、主题论辩；可以是成功的喜悦、失败的陈述，也可以是对整个学习过程的反思等。无论展示交流什么，对于师生来讲，都是一种分享，一种体验，一种"碰撞"。在展示交流过程中，学生要学会理解和宽容，学会客观地分析和辩证地思考，要敢于发表不同意见，善于有理有据地申辩，做到在活动中学习，在学习中活动，在实践中思考，在思考中提高。

成果展示的形式应多种多样，可以运用口头表达形式，诸如讨论、辩论、演讲、演示等，也可以办展览、搞竞赛、出墙报、编刊物、制网页。下面列举几种常用的方式。

1. 报告陈述

报告陈述是综合性学习结果呈现最常见的也是最主要的形式。凡是进行了社会调查、任务访谈或资料查询的，都可以采用报告的形式将结果或结论陈述出来。

2. 作品呈现

学生通过自己的作品来呈现综合性学习的成果，也是一种常见的方式。学生学习结果的呈现方式最多的是通讯、报道、散文、随笔、游记等体现语文特征的作品，还包括感受自然的摄影作品、民间采风的音乐作品、写生素描作品（绘画作品）等。

3. 模仿表演

模仿表演是情感体验、情景再现的最好方式。"戏曲大舞台""成长的烦恼""古诗苑漫步""走进小说天地"等许多活动，都可以有选择地通过模仿表演来表达出学生对该内容的学习了解程度。模仿表演前教师应该进行表演指导，指导学生熟悉表演的对象，认真深入角色去体味人物的思想感情，准确把握表演主题，要避免无文本表演和无选择表演，也要避免小题大做，在内容上花费精力少而在服装道具上花费过多精力。

4. 展览讲解

通过综合性学习，一些小组将学习结果包括收集到的图片、实物进行展览，以展示其收获是值得充分肯定的。我们应该对学生的展览进行指导，要求展览要有明确的主题，图片材料要围绕主题进行分类，要对参展的图片材料进行认真筛选，找出最具有代表性的图片和材料文章来办展览。展览与作文一样，也需要主题鲜明、中心突出、条理清楚、内容翔实。整个展览最好有一个鲜明响亮的主题，用这一主题做展览的通栏标题，各个部分有栏目有名称，也就是文章中的小标题。另外还需注意美术上的一些常规要求，如色调和谐、图文搭配得当、相映成趣。讲解，包括对展览的讲解和实物的讲解，无论哪一类的讲解，都需要对讲解的内容非常熟悉。在此基础上，有意识地训练自己口语表达的简明、连贯得体，建立起听众意识，让听众能够在短时间内比较轻松顺当地获得比较准确和丰富的信息内容。

5. 演讲辩论

不同的见闻需要交流，不同的简介需要交锋，演讲辩论自然就成了学生综合性学习结果表达的常见方式之一。

6. 建立"综合性学习天地"博客

教师在博客上撰写综合性学习方法的文章供学生参考，展示学生的学习成果，回复学生在学习中遇到的问题。

（四）其他小组成员可以就自己的所知发表个人的所见和所闻

小组项目发言人展示活动结束后，在该小组其他成员补充的同时，其他小组成员也可参与补充，展示自己的所见和所闻，展示形式应不拘一格。

（五）由其他组成员对小组或个人成果及过程进行点评

一个小组展示活动结束后，学生主持人可安排其他小组成员对该小组的探究成果进行点评。点评内容：该小组展示的探究成果与所承担的任务在内容上是否吻合；该小组的成员分工是否合理，是否做到了每一个学生都有任务；该小组的探究过程是否有助于听、说、读、写能力的整体发展；该小组的成果展示是否综合运用了语文知识；该小组的探究内容是否体现了语文课程与其他课程的整合和书本学习与实践活动的联系等。

五、总结

总结阶段是对综合性学习过程及效果的反思检讨。在综合性学习展示课结束之后，教师要引导学生及时进行总结、交流，与同学们一起分享活动以后的收获，或反思小组或个人在本次综合性学习活动中的合作表现，或畅谈小组或个人在本次综合性学习活动中的收获，或检视小组或个人在本次综合性学习活动中知识与能力的提高情况，或查找小组或个人在本次综合性学习活动中尚须改进的地方并提出改进的办法等。总结主要有问答式总结、采访式总结、对话式总结、文稿式总结、演讲式总结、论辩式总结等方式。通过总结，使学生重新认识小组或个人本次综合性学习的活动过程，找出小组或个人在本次综合性学习活动中的不足，充实和完善本次综合性学习活动的成果。教师要帮助学生在总结过程中学会处理资料，注意筛选信息，考虑以恰当的方式表达对本次综合性学习活动过程或探究成果的评价。综合性学习的总结，不仅是一次对学习活动的比较全面、客观的评价，更是对所要探究问题的延伸和扩展。

1. 个人总结

反思个人在本次综合性学习活动过程中的行为表现，个人在本次综合性学习活动过程中的参与程度和合作意识，个人在本次综合性学习活动过程中的收获、体会和不足。

2. 小组总结

在个人总结的基础上以小组为单位进行总结。小组总结意在培养学生的合作精神、实事求是的态度，完善个体发展，对不同意见学会理解和宽容，学会客观地分析材料和辩证地思考问题。总结的重点是反思小组全体成员在本次综合性学习活动过程中的参与程度和合作意识、小组成员在本次综合性学习活动过程中各自的行为表现，检索小组在本次综合性学习活动中取得的突出成果，找出小组在本次综合性学习活动过程中主要存在的问题，组内成员在自评的基础上互评，本组成员在听、说、读、写四个方面的实际收获等。小组总结时每一个成员都有责任和义务发言，不存在不发言的小组成员。

3. 全班总结

这是在小组总结的基础上进行的全班性总结。全班总结的效果在于小组总结的质量。全班总结的方式可以以小组为单位派代表依次发言，也可以由学生自由发言，还可以以采访、论辩、座谈的方式进行，个人总结个人的，小组总结小组的，全班总结全班的。在自评的基础上，还要引导学生在这样的合作、交流中反思个人在本次综合性学习活动过程中的行为表现，在本次综合性学习活动过程中的参与程度和合作意识，在本次综合性学习活动过程中的收获、体会和不足。

4. 教师总结

教师总结着眼于学生活动的全过程，重在评价学生活动过程中的行为表现：一是对学生参与全过程进行评述，二是对学生学习活动的效果及成果进行评说，三是对学生在活动中表现出来的情感态度进行评议。

教师总结一般包含以下内容。

①学生在活动中的参与程度和合作态度。

②学生搜集资料的途径方法以及处理资料的表现。

③学生探索问题的主动性和积极性。

④学生对待活动中"临时问题"的态度及处理过程。
⑤学生开展活动的深入程度和体验程度。
⑥学生知识与能力综合运用的程度。
⑦学生在活动中的"交流"表现和成果的质量。

教师总结不仅仅重视静态成果的形成，更要关注活动的过程，关注得到成果前的计划、方案以及遇到的困难和解决困难的方法等，帮助学生在动态过程中感受学习的乐趣，获取相应的知识和能力。

课例 3-4

综合性学习活动设计"金钱，共同面对的话题"

资料来源： 冯春芳. "金钱，共同面对的话题"综合性学习研究报告[D]. 大连：辽宁师范大学，2011.

"金钱，共同面对的话题"是人教版语文九年级上册第五单元综合性学习内容，本次综合性学习设置了四个活动主题：钱的过去、现在和未来，众说纷纭话金钱，我也来当一回家，调查同学怎样消费。教师可以指导学生有选择、有重点地开展活动。根据实际教学情况及学生的特点，笔者将第三个专题改成有关金钱的名言和故事，以此来引导学生树立正确的金钱观会取得较好的效果。活动开展的目的是增强学生对金钱全面而理性的认识，树立正确的钱财观，引导学生对当代中学生的生活观和消费观进行深入的考察和反思。"金钱，共同面对的话题"综合性学习活动是一次将生活教育与语文教育有机结合的有益尝试，有必要认真组织开展。

▶ **第一阶段：教师准备阶段**

（一）全面解读课标，理解综合性学习的目的

在进行相关调查研究之前，充分研读《义务教育语文课程标准》，把握课标中对综合性学习的具体要求，针对具体要求指导此次调查研究活动。

（二）确定研究的对象、方式

本次综合性活动开展的班级是大庆体育运动学校初三（2）班，分别对初三（1）班和初三（2）班共 80 名学生和学校的 10 名语文教师进行了问卷调查。

（三）查阅相关资料，制作调查问卷

查阅关于综合性学习研究的国内外论文、报告、实践研究的相关资料和中学生消费的相关资料，从教师和学生两大方面进行问卷制作。

▶ **第二阶段：开展调查阶段（略）**

▶第三阶段：活动拓展阶段

（一）安排此次综合性活动时间表

本次活动历时四周，第一周资料搜集、问卷调查；第二周分析、整合、处理信息、资料；第三周确定成果展示的方式，进行展示交流准备；第四周成果展示。

（二）推荐部分网站和书目

1. 推荐网站

http：//www.baidu.com 百度

http：//www.chinamoney.com.cn/index.html 中国货币网

http：//www.coinoo1.com/index.php?m=zlibidata 世界纸钞网

2. 推荐书目

《简明钱币辞典》（上海古籍出版社）

《中国历代钱币通鉴》（人民邮电出版社）

《中国历代货币》（新华出版社）

《元宝图录》（三秦出版社）

《全彩中国古钱目录》（内蒙古人民出版社）

3. 相关报刊和杂志

《中学生语文报》

《语文学习》（杂志）

（三）将课题分解成若干子课题

1. 金钱史记

搜集有关金钱历史方面的知识，利用图书馆、网络、本地文史博物馆搜集有关资料，做好文字图片记录。让学生广泛地了解钱币起源及发展历史，认识社会、生活、经济、科技的发展变革，增进学生对货币文化的了解，全面而理性地认识金钱。

2. 众说纷纭话金钱

由教师设计值得思辨的话题进行辩论，引导学生打开思路，培养学生自主探究、合作交流、分享成功的精神。针对当前社会存在的金钱至上的现象归纳出一些有研讨价值的话题。选手设计辩论提纲，搜集有关资料与数据，拟写辩论文稿，邀请教师、学生共同策划，组织一场辩论会。

3. 有关金钱的名言、故事

通过名人名言及金钱的故事引导学生树立正确的金钱观。

4. 中学生消费调查表

通过调查问卷掌握学生的消费情况，帮助他们合理支配金钱。

（四）学生的具体分工、各小组任务

1. 成立活动小组

我所任教的 2 班有 40 名学生，这个班级学习成绩属于中等水平，班级的学生学习状况较为散漫，积极性不高。针对班级实际情况，根据学生的兴趣及设计的 4 个活动专题，我将学生分为 4 个小组，每组成员为 10 人左右，一组一个专题，不重复。由学生自己选举组长、副组长，由组长主持实施本组的全部活动，副组长协助组长工作。

第一周制订小组活动计划。各小组根据自己选定的专题和这次活动的时间安排，经小组全体成员讨论，拟订出小组活动计划，明确组内分工。要求每个学生都积极参与进来，每个人都要有具体的工作。第二周搜集资料，采集信息。各组通过调查采访、上网查询、查阅资料、发放问卷等方式获取第一手材料。第三周对获取的资料进行处理、整合。各小组根据自己的成果形式，确定成果交流的方式。第四周，成果展示。

2. 组员的具体分工

4 名学生负责搜集整理资料，3 名学生负责将资料整理打印给大家，3 名学生负责做相关的课件。

（五）介绍查找资料和积累资料的方法

1. 利用图书及报刊查找积累资料的方法

（1）查目录找有关的文章和内容，对于需要的资料可以进行复印、摘抄等。

（2）可利用辞典和百科全书查找金钱的历史和图片，如《简明不列颠百科全书》《中国大百科全书》等，这类图书往往附有插图。

2. 上网查询和下载资料的方法

（1）利用百度和 Google（谷歌）等搜索引擎，输入关键字，找到自己所需的资料。

（2）对资料进行下载存盘或者打印所需材料。

▶第四阶段：活动成果汇报阶段

在教师的倡议下，确定了 4 位主持人、10 名评委，主持人、评委均由各组推荐产生，由学生担任。

师：在市场经济迅猛发展的今天，金钱扮演着非常重要的角色。我们的生活离不开金钱，可以说没有金钱将会寸步难行，甚至"有钱能使鬼推磨"的说法也在蛊惑着人心，可见在现代社会，金钱占有十分重要的地位。通过四周时间对金钱这一命题材料进行搜集和整理，同学们已经对金钱有了全面、深入的了解。这节课就请同学们来展示一下学习成果。

● 第一小组汇报：金钱史记

主持人："金钱"是什么呢？在我们的学习生活中，每个人都会接触到钱，衣食住行都离不开钱，你对钱的了解有多少？中学生又应该以怎样的态度对待金钱？下面有请第一组的同学给我们讲解一下钱的过去、现在。

学生1：我国古代钱币是历史上留存至今数量最多、内容最丰富的实物资料。中国古代钱币萌芽于夏代，起源于殷商，发展于东周，统一于秦代，中国的古钱币文化内容丰富多彩，至今已经有4 000多年的历史。早期的货币由天然海贝、石贝、玉贝、骨贝发展演变为铜贝，铜贝的出现开启了金属铸币的先河。

学生2：春秋战国时期，开始出现了形态各异的古钱。秦始皇兼并六国后，统一了钱币政策，在全国范围内推行外圆内方的半两钱，这是中国历史上的第一次币制改革。唐高祖武德四年（621）开始铸造开元通宝钱币，开元通宝钱币的问世标志着中国钱币自秦始皇统一货币后的第二次钱币革命，它持续流行了1 300年。到了元朝和明朝时期主要推行纸币，铜钱铸造较少。明中叶以后，白银成了主要货币，铜钱仅用于小额支付，但它仍然是政府发行的重点。

学生3：到了近代，从解放战争爆发后到1999年共发行了五套人民币，发行时间分别是1948年12月1日、1955年2月21日、1960年4月20日、1987年4月27日、1999年10月1日。在世纪之交、千禧之年我国发行了第一张纪念塑胶币——货币信用卡（长城卡），中国货币终于跨进了电子货币的新时代。而今，龙卡、牡丹卡等大量出现，给人们的生活、旅行带来了极大的方便。

学生4：听了以上3名同学的介绍我觉得真的学到了很多知识。"五朝兴衰事，尽缩钱币中。"钱币可以说是一个国家历史发展的缩影，而中国钱币的发展演变反映了中华民族的智慧和创造力，浓缩地反映出币制时代整个社会的政治、经济、军事、文化、民族、民风民俗和铸造工艺水平，有着丰富的文化内涵和史实价值。下面请看我们搜集的古钱图片、部分实物。据我了解，其他的同学在课外也搜集了一些硬币和纸币，有中国的，也有外国的，请大家拿出来共同欣赏一下。

主持人：当今社会的价值观可浓缩为一句话："金钱不是万能的，没有金钱却是万万不能的。"这句话似乎已经成为许多人的人生信条。它说明了人没有钱不能生存，但人并不是为了钱而生存的。对于"金钱不是万能的，但没有它又是万万不能的"大家是否认同呢？下面请听一场精彩的辩论赛。

● 第二小组汇报：众说纷纭话金钱

1. 辩论赛题目：金钱是否万能

正方观点：金钱是万能的。

反方观点：金钱不是万能的。

2. 辩论要求及评分

（1）论点明晰，论据充足，引证恰当，分析透彻。（40分）

（2）迅速抓住对方观点及失误之处，驳论精到，切中要害。（30分）

（3）语言表达清晰、流畅，层次清楚，逻辑严密。（30分）

3. 辩论过程

正方1：金钱可能是人类最伟大的发明。因为金钱可以衡量大部分具体事物的价值，也为人类文明做出重大的贡献，使人类从以物换物的营商手法进步到现代社会中有股票、地产、金融等公开交易平台，这全是金钱的功劳。离开金钱人类便无法生存，所以说金钱是万能的。

反方1：我方认为金钱不是万能的，就像人与人之间的友谊是不能用金钱来购买的。马克思和恩格斯有着一段伟大的友谊，但并不是看对方很富有而去做朋友的，相反他们俩都很穷，他们之所以能成为朋友，是因为他们在共产主义的事业上有着共同的理想。人与人之间的关系也是不能用金钱衡量的，比如说你是一个孝子，带了许多钱去给父母，他们其实不是缺钱，而是希望得到儿子的关爱。

正方2：我方认为金钱是万能的，金钱可以说是无处不在的，它早就渗透于人们衣、食、住、行等各个方面。一个人如果没有钱，那么他在社会上就寸步难行；如果有了钱，就可以得到物质享受。金钱可以用来换取一定程度的物质或精神生活。金钱是一种可以用于消费、使用、交换的资源，人们通过满足社会的各种需要来获得金钱，并通过金钱获得社会提供的各种需求。

反方2：金钱吞噬人的精神思想，使人心越来越贫瘠；金钱吞噬人的良知，使人性越来越稀少；金钱践踏人高贵昂扬的灵魂，使人如此摇尾乞怜。好个"致富"的金钱，他让人变得一无所有。好个"富裕"的金钱，他让人本性全失。好个"万能"的金钱，他让人世世代代被金钱所奴役。

正方3：金钱虽买不到健康，但可以买到医药；金钱买不到友谊，但可以买到互相赠送的礼物；金钱买不到爱情，但可以买到浪漫。与其说这些精神上的财富是无价的，不如说它们是建立在庞大的物质基础上的。

反方3：人最大的贫穷绝不是物质上的短缺或不足，而是思想和精神上的匮乏。仅是肢体上的充足不能给予人多大的幸福，反之如果人对金钱的理解等同于幸福，那么这个人一定是一个彻头彻尾的穷光蛋。

主持人：通过正反两方激烈的辩论，相信同学们对金钱已经有了一个正确的认识，评委们也为选手进行了打分，在活动结束后将公布比赛成绩。名人是怎样对待金钱的呢？有哪些关于金钱的故事呢？下面我们进入第三组汇报。

●第三小组汇报：有关金钱的名言、故事

学生1：古人说："有钱能使鬼推磨"，"钱有两戈，伤尽古今人品"。哲学家说："金钱是一个债主，借你一刻钟的欢悦，让你付上一世的不幸。"史学家说："道德是永存的，而财富每天都在更换主人。"有人说："金钱不是万能的，但是没有钱是万万不能的。"老百姓说："金钱是饭，是衣，是车，是房。"

学生2：拿破仑曾拥有许多人梦寐以求的东西——荣耀、权力、财富，他却说："我这一生从来没有过一天快乐的日子。"挪威剧作家易卜生说过："钱能买来食物，却买不来食欲；钱能买来药品，却买不来健康；钱能买来熟人，却买不来朋友；钱能带来奉承，却带不来信赖……"

学生3：巨富李华光先生很有钱，但他却一直过着俭朴的生活，而把大笔的钱捐给祖国的科学事业和希望工程。2004年2月，美国《福布斯》杂志公布：比尔·盖茨以其名下的净资产466亿美元，仍排名世界富翁的首位。然而，让人意想不到的是，这位世界首富没有自己的私人司机，公务旅行不坐飞机头等舱却坐经济舱，衣着也不讲究什么名牌；更让人不可思议的是，他还对打折商品感兴趣，不愿为泊车多花几美元，却为公益和慈善事业一次次捐出大笔善款，他还表示要在自己的有生之年把95%的财产捐出去……

学生4：68岁的美国住宅装饰公司董事长伯纳德·马库斯说："遗产对有些人来说可能是可怕的负担，如果我的孩子想成为富翁，他们必须靠自己努力。"他把8亿多美元的财产全部留给支持教育和残疾人事业的马库斯基金会。这些伟大的举动不正好印证了"养儿强似我，要钱干什么；养儿弱似我，要钱干什么"的古训吗？

学生5：除了以上四位同学的发言，其他同学也搜集了很多关于金钱的名言和故事，现在让我们一起来了解下。（名言、故事内容略）

主持人：通过以上同学的发言我们知道，对于金钱，要取之有道，用之有度。要采取正确的方法获得金钱，并把钱用到最需要的地方，留给需要帮助的人，用于做最有意义的事。"一粥一饭，当思来之不易；半丝半缕，恒念物力维艰。"花钱要有所节制，要分轻重缓急，能够节省的要节省，少花钱多办事、办好事，就能让钱发挥更大的作用。现代中学生是如何消费的呢？让我们进入"中学生消费调查表——中学生消费现状"。

●第四小组汇报：中学生消费调查表（见附录）

学生1 我们通过走访、问卷调查等形式，对中学生消费情况进行了调查，经过数据整理、分析，得出结论：在初中生中，每月零花钱在50元以下的占初中生总数的14.9%；而51~100元的占70.2%；101~200元的占6.4%；201元以上的占8.5%。把零用钱用于购买书籍的学生人数占总数的47.7%；进行娱乐和买零食的占52.3%。在娱乐方面玩游戏（包括一些家庭用电脑游戏）的占25.4%；体育花费占14.7%；买衣服的占5.0%。由统计数据可以看出，中学生零用钱的三大"流向"：购书、娱乐、买零食。学生之间的人情消费也是花钱较多的一部分。在学校没有给别人送过礼物的同学很少，男生多是请吃饭，而女生则以送小饰品、小工艺品、小玩具为主。每个学生一年的"人情消费"至少几十元，有的甚至要花几百元。据了解，这些学生的经济来源主要来自于父母。大多数中学生不会理财或理财意识薄弱，盲目追求品牌，攀比之风日益严重。

学生2 通过调查结论可以发现，作为学生我们没有学会挣钱，却学会了花钱，学会了奢侈。作为孩子，我们不知道去珍惜、去体谅父母，却在给父母制造负担，我想这是不应该的。中学生应树立正确的消费观念，正确的消费心态可以潜移默化地影响一个人的价值取向和道德情操。它的确立需要个人、家庭、学校、社会的共同努力，提高中学生理财能力应得到我们的高度重视，让我们成为金钱的主人，树立正确的消费观念，培养自己对金钱的管理能力。

（班级交流学生习作）

主持人：在以金钱为话题的作文中同学们采用多种表达方式，叙述、描写、议论、抒情相结合，写出自己对金钱的独到见解。从文章中我们可以了解大家对待金钱的态度是很理性的，都能够正确认识、对待金钱。

金钱乃是身外之物，仔细品味一下，你会发现：人生在世，除了金钱还有许多值得追求的东西，如：幸福、快乐、青春、活力……如果我们少依赖金钱，而将精力放在学习上，用知识去武装我们的头脑，会使我们的生活充满阳光。希望我们的文章，我们的创作思路能给同学们带来灵感，在今后的写作当中多加积累，灵活运用。

师（结束语）：同学们，你们今天的表现让老师为你们骄傲，最重要的是同学们对待金钱的看法有了更理性的思考。钱是把双刃剑，它既可以让人的心灵升华，也可以让人的心灵扭曲，正所谓："君子爱财，取之有道，用之有度。"作为中学生的我们应当正确认识金钱，节约用钱，珍惜劳动成果。同时也希望大家通过这堂以金钱为话题的综合性活动课可以认识到：语文学习是一个漫长的积累过程，生活中处处都有语文，让我们一起在活动中学习，在交流中提高，希望同学们树立远大的理想和抱负，努力成长为对社会和国家有用的人才。

▶第五阶段：活动总结阶段

此次"金钱，共同面对的话题"综合性活动课在教师和学生的精心准备下圆满结束了。实践证明，同学们通过自主合作探究，利用网络资源对货币的起源、演变、发展以及各国的货币文化进行了比较深入的探究，并运用多学科知识分析材料，及时总结反思，使得探究活动有一定的深度。在探究过程中同学们自主学习的能力、团结协作的能力、实践活动的能力都得到了培养和锻炼。

1. 开展以金钱为话题的辩论赛

学生就"金钱是否万能"展开了激烈的讨论，在辩论中正反双方针锋相对、唇枪舌剑，智慧火花闪耀，高潮迭起，培养了学生的口语交际能力，提高了学生的思辨能力。通过教师传授辩论理论知识，如辩论的组织形式、问答技巧、语言要求及技巧等，学生基本掌握了辩论技巧。通过开展辩论赛激励了学生自主学习、独立思考、积极创新的精神，锻炼了学生的口语表达能力。

2. 举办有关金钱知识的墙报展览

在活动开展过程中，大量前期资料的搜集整理，如古钱图片、各国钱币图片等无法一一展示出来，通过开展墙报展览，对课堂上的学习内容进一步深化，同时也让学生对自我学习情况进行了整理和拓展。墙报由学生参与设计、书写，既陶冶了学生的情操，又培养了学生动手动脑的能力。

3. 举行以金钱为话题的作文活动

作文是语文的"半边天"，学生作文水平的高低，直接影响着其语文分数的优劣。但事实上，在教学中我们不难发现，有不少学生谈"文"色变，视作文为畏途。他们写作文时，常常搜肠刮肚，胡编乱造，敷衍完篇，应付了事，毫无作文的主动性和兴趣性，究其原因是没有感兴趣的话题和深刻的体验。在"金钱，共同面对的话题"综合性学习开展前，教师布置了查找资料及写作的任务，在活动中明确目的，让学生早做准备，积累写作材料，因此在写作文的时候学生有感而发、有话可说，提高了学生的书面表达能力。在本学期期末考试中，学生改变了以往生搬硬套的写作方法，整体作文成绩提高了3分，同学们表示在今后的生活中要用心去体会生活，积累素材，提高自己的写作水平。

4. 召开家长座谈会

综合性学习活动开展后，学生对金钱有了一个全面而深刻的了解，在一定程度上改变了他们以往的消费观念。为了进一步了解学生消费情况的改变程度，我们召开了家长座谈会，会上家长们纷纷发言，讨论了学生在开展活动前后消费情况的一些变化，提出了如何改变学生不良消费习惯的办法。通过座谈会我们了解到要培养学生正确的消费观念需要家长和教师的共同努力。

【附录】中学生消费调查表

1. 你一个月大概花费多少零用钱？
   A. 50元以下　　　　　　　　B. 51～100元
   C. 101～200元　　　　　　　D. 201元以上
2. 你经常吃零食吗？
   A. 经常　　　　　　B. 偶尔　　　　　　C. 从不
3. 你经常购买辅导书吗？
   A. 经常　　　　　　B. 一般　　　　　　C. 偶尔
4. 你购买衣服时抱着什么心态？
   A. 喜欢就买　　　　B. 必要才买　　　　C. 合适就买
5. 你的消费理念是什么？
   A. 做好消费计划　　B. 肆意挥霍　　　　C. 能省就省
6. 你在花钱时，首先想到的是什么？
   A. 什么都不想　　　B. 不花白不花　　　C. 该花就花
7. 你的零用钱大多花费在什么地方？
   A. 娱乐方面　　　　　　　　B. 装饰方面
   C. 学习方面　　　　　　　　D. 生活或通信方面
8. 节假日期间你是否消费很多钱？
   A. 很多　　　　　　B. 一般　　　　　　C. 较少
9. 在商店里有你极喜欢的东西，但太昂贵了，你怎么办？
   A. 不会买　　　　　B. 看清楚再决定（与父母、朋友商量）
   C. 立刻买
10. 同学过生日，你会如何选择礼物？
    A. 自己动手制作　　B. 去商店买便宜实惠的　　C. 越贵越好
11. 你选购商品时一定要名牌吗？
    A. 一定要　　　　　B. 无所谓
12. 商店搞促销时，你怎样看待？
    A. 便宜就买　　　　B. 实用就买
13. 你过生日会讲究排场吗？
    A. 会　　　　　　　B. 不会
14. 你是否经常光顾一些名牌专卖店？
    A. 经常　　　　　　B. 有时候　　　　　C. 甚少　　　　　D. 不清楚

15. 你买名牌的原因是：
    A. 款式新颖、有型　　　　　　B. 人有我有
    C. 质量好　　　　　　　　　　D. 穿出来"摆阔"
16. 你会为自己所用的钱做系统的结算吗？
    A. 从来不会　　B. 会　　C. 有时候会　　D. 没有想过
17. 你认为自己是否懂得理财？
    A. 懂得　　　　B. 不懂得
18. 你认为自己的消费高不高呢？
    A. 很高　　　　B. 比较高　　C. 一般　　D. 较低

学习反思：你是否尝试过自己设计并指导开展一次综合性学习？如果有这样的经历，综合性学习活动的实施程序给你最深的感触是什么？你遇到的最大困难是什么？

第二节　基于语文课程的综合性学习实施的基本方式

从活动方式上来看，综合性学习的方式既有讨论、交流、作文评比等传统语文学习活动，又有富于创造性的辩论、演讲、知识竞赛、模拟招聘、办手抄报（墙报）、文艺演出、设计广告、创作校歌（班歌）、编诗集、为诗配画、为画题诗等活动，还有富于实践性的搜集资料、参观、采访、实地考察、义务服务、游戏、唱歌、唱古诗、观看电影片段、秋游活动及学习成果汇报会、调查报告会、读书交流会、诗文朗诵会、主题班会、故事会、展览会等。

一、资料查阅式

在现代社会进行研究，资料查阅的方式是使用得最频繁的。《义务教育语文课程标准（2011年版）》的总目标之一指出："初步具备搜集和处理信息的能力，积极尝试运用新技术和多种媒体学习语文。"不少综合性学习活动需要进行资料查阅，人教版语文教材的16次大型综合性学习中，文本资料的搜集除在九年级下册"走进我们的社区"中没有提及，在其他15次综合性学习中均有涉及。进入现场的调查（包括实地考察、观察）在8次活动

中出现，访问（包括采访、拜访、请教）在7次活动中做了安排。如教学五年级下册综合性学习"遨游汉字王国"，教师让学生组成4个小组，借助网络、影视、报纸杂志等渠道，搜集"汉字由来""汉字演变历史""字谜"和有关写字的"笑话"等，然后据此分类，设计4个板块编写手抄报。

此类活动方式的指导要点如下。

（1）指导学生使用工具书，尤其是利用不同的大中型工具书去查找资料。

（2）指导学生依据专题，按照图书资料索引去查找资料，引导学生在时间许可的情况下尽量多查找一些权威的资料。

（3）指导学生利用互联网搜索引擎寻找信息，学会建立分类资料库。

（4）指导学生鉴别信息。

（5）教育学生尊重知识产权，学会注释注明所用资料的出处。

报刊查找也是搜集资料的一种方式，但要注意及时性、简短性、新颖性。由于报纸出版的周期短，频率高，信息及时，因此，在搜集资料时，也需要注意报刊方面的资料搜集。需要注意的是，报刊本身有不少的栏目，这些栏目就是一种分类。要借此培养起学生的分类意识、进行素材整理的意识、对材料与主题的关系分量进行掂量的能力，以及客观科学的治学态度。

▶ 课例3-5

《e网寻根——姓氏溯源活动》的综合性学习设计

▶ 活动目的

中国人的姓氏源远流长，形成博大精深的姓氏文化。由于它和学生自身姓氏相联系，故而可以引发学生"身源何处"的好奇，激发寻根的兴趣。教师加以引导，就能让学生感受到中国文化的神奇，培养对传统文化的美好情感。

▶ 活动设想

（1）在多媒体教室通过上网来"寻根"。

（2）作为系列活动开展，不断深入，逐渐揭开姓氏的神秘面纱，寻找自身的血脉渊源。

▶ 活动步骤

第一步：初步感受

寻找描写姓氏的相关书籍，开展"寻访长辈"的活动。

（因书市或图书馆关于姓氏的书籍较少，寻访长辈的信息又零散，学生可能会产生迷惘，但探究心理越强）

第二步：网上寻觅

（1）教师导入：每一个姓氏都从远古走来，在浩茫的历史烽烟里，它也许辉煌过，也许落寞过，但都留下了真切的足迹。我们很多人承袭了祖先的姓氏，却不知根在何处？今天我们一起来寻找生命的根。

教师继续铺垫讲述关于姓氏的常识、关于家谱的常识。（资料略）

（2）学生自查：教师可以推荐网站，要求学生比比查阅速度和容量，保存资料完成《我的根》的写作。

第三步：自由写作

要求查找与自己姓氏相同的名人的资料，或描述，或评价，或议论。

第四步：知识竞赛

（1）姓氏常识必答和抢答。

（2）搜集带有姓氏的成语。

第五步：活动总结

教师将学生作文《我的根》装订成册，编成《班级姓氏辞典》，张贴学生照片，永久纪念。

▶ 评析

此次综合性学习活动的主题设计得有创意，激发了学生的兴趣，在综合性学习的过程中真正发挥了"师生互动，教学相长"的效应，做到"以教师为主导，以学生为主体"。首先，寻根是人们心底一个永久的文化情结，小小姓氏让学生神往逝去的岁月。其次，网络在此次语文综合性学习活动中发挥了巨大作用。如何告知学生网络是把双刃剑？空洞说教不行，阻止上网更不可行，倒不如利用一次主题活动，在潜移默化中让学生了解并正确认识网络，实现网络"以人为本，为我所用"的积极价值。一个古典，一个现实；一种文化，一种手段；一种情感，一种观念。活动的预期目标基本实现。该活动不足之处在于就活动环节的设置而言，由于时间关系，安排比较简单，过程设计略显粗糙，时间充裕的话，可以由学生加以讲述，培养口头表达能力，也可以由学生自己把活动过程、成果制作成网页，挂在校园网上以做交流，必定会激发学生更大的兴趣。

二、人物访谈式

访谈是让学生与被访问者面对面进行交谈，这是难度很高的即兴口语交际实践活动，也是一种极富挑战性的重要学习方式。语文综合性学习中有很多内容都需要进行面对面的人物访谈，如"我爱我家""戏曲大舞台""让世界充满爱""献给母亲的歌""到民间采风去""背起行囊走四方""脚踏一方热土""关注我们的社区"等，都可以使用人物访谈的方式进行。

访谈活动方式的指导要点如下：

（1）指导学生明确访谈的目的、价值，了解受访者的身份经历等资料。

（2）指导学生设计访谈的主要问题。

（3）指导学生进行访谈前的准备工作，如，约定访谈的时间和地点，告知访谈对象关于访谈的目的、意义和访谈结果的发布方式，征得被访谈人同意才可以正式进行采访。

（4）指导采访过程，如，学会尊重访谈对象，学会围绕主要问题访谈，学会对主要问题、主要内容进行笔记或经过同意后录音，尝试学会在尊重人的前提下插话等。

三、阅读欣赏式

（一）文本资源欣赏

教师可参看语文课程标准的建议，引导学生选择教材节选作品原著、名篇作者其他作品，或与教材同类主题、题材的文章与诗作，开展阅读欣赏活动，以扩大阅读量。如学习《卖火柴的小女孩》后，教师要求学生课外阅读《安徒生童话》，然后组织交流"印象最深的故事""我最喜欢（或最不喜欢）的人物""我能背诵的篇目"等。

课例 3-6

《风之王》班级读书会

资料来源：https://wenku.baidu.com/view/0da21ab00c22590103029d13.html。

一、活动目标

（1）通过阅读活动，进一步梳理内容，分享他们的经历与情谊。

（2）在阅读、体验、交流中懂得爱与责任是成长的催化剂，忠诚与坚守终能展现自己。

（3）在共读中发现阅读的魅力，感受阅读的快乐，提升阅读品质。

二、阅读准备

（1）学生阅读《风之王》，完成预习作业。

（2）制作多媒体课件。

三、阅读过程

（一）谈话，揭题

同学们，第七组课文带领我们走进了美妙的动物世界。它向我们展示了人与动物、动物与动物之间的感人故事，展示了动物丰富的情感世界，反映了人与动物和谐相处的美好境界，其中有知恩图报的海鸥、英勇忠诚的战象、活泼可爱的小松鼠、聪明通人性的狐狸。今天我们再来认识一匹马，它就是被称为"风之王"的闪。

（二）第一板块：走马观花

1. 封面解读

（1）学生自由发言，从封面捕捉信息。（如图画中高大健壮的闪和摩洛哥少年阿格巴相依相随、作者玛格莉特·亨利从小爱马、纽伯瑞文学金奖、红色的题词等）

（2）"风之王"三个字的奥妙："风"是白色字体，表示闪右后腿的白点，是象征疾速的记号，舒展的字体暗示闪跑起来就像阳光中的风一样；"之王"两字是棕红色的，象征着闪一身金色的毛皮和油光发亮的鬃毛。整个书名十分大气、潇洒，让人觉得闪就是一匹拉动太阳战车的金马。

2. 背景介绍

（1）摩洛哥：摩洛哥是非洲最古老的国家之一，阿拉伯人约占其总人口的80%，阿拉伯语为国语，通用法语，信奉伊斯兰教。它是个风景如画的国家，享有"北非花园"的美称。

（2）安拉：即真主，是伊斯兰教所信仰的创造宇宙万物的独一主宰的名称，是伊斯兰教信奉的唯一神。

（三）第二板块：盘点事件

（1）整篇小说是李德先生因战神"大红"在赛马中轻松夺冠后，以回忆的方式向我们讲述了一个感人至深的故事：一匹阿拉伯马"闪"和马童阿格巴不离不弃，相互鼓励，历尽千辛万苦，终于等到了辉煌的那一刻。

（2）以表格形式理清闪的坎坷经历，并随机引出一些次要人物。

闪漫长而艰苦的旅程	阿格巴不离不弃、恪守诺言
带有两种不同命运的符号（麦穗纹图片）	给它取名，抱起小马
失去母亲	用骆驼奶和蜂蜜喂养，并许下诺言
觐献给法国国王	一路护送闪，瘦得皮包骨
派到厨房拉车买菜	留下照顾闪
被厨房总管卖给马贩子	为寻找闪做"唤醒人"

续上表

在寒冬中拉木材	奇特的人、猫、马搭档
被商人柯杰若买走送给女婿本杰明	一起得到考太太的关爱
卖给红狮客栈老板威罗杰,被关进小房间	寻找闪,流落乡间,被当作偷马贼关进新门监狱
被葛多芬伯爵买走	因考太太探监而得救
战胜"恶魔",被流放到威肯沼泽	人、猫、马悲惨地生活
闪的儿子板子赛马获胜	迎接人、猫、马回到伯爵家
三个儿子傲视群骥,闪被封为"赛马之父"	实现诺言,喜极而泣

附:

哑巴男孩阿格巴在心里许下诺言:"我的名字叫阿格巴。'巴'和'爸'的发音差不多,我就是你的爸爸,闪,等你长大了,大家都会对你鞠躬,你会成为风之王的。我保证。"

(四)分享精彩

精品片段赏读:(预设三个章节)

最催人泪下的一幕:第十三章《奇特的人、猫、马搭档》(P85)

最大快人心的决斗:第十九章《恶魔》(P132)

最扬眉吐气的比赛:第二十二章《女王奖杯》(P160)

(五)真情告白,聚焦主题

(1)出示:"葛多芬阿拉伯马活到颇高的岁数。它29岁过世之后,就埋葬在通往它的马房的走道上。它的坟上竖了一块坚实的花岗岩墓碑,上面没有刻任何的字,一个字也没有……"

"这里应该写的是我们对风之王,和深爱它的那名马童的想法与礼赞。"

(2)给"风之王"的墓碑上写几句碑文。

(3)总结:闪作为摩洛哥王国皇家马厩的宠儿,一生可谓曲折艰难,命运之神一再捉弄它,它被埋没于嘈杂的市井之中。阿格巴为践行自己的诺言,饱受生活的艰辛和痛苦,始终与闪不离不弃,始终坚信:闪具有与生俱来的高贵血统,一定会成为赛马场上的王者,成为"风之王"的。正是这一份爱与责任,这一份忠诚与坚守,终于迎来了骄傲的一天。同学们,请记住:证明自己,无论以什么样的方式。即使是命运不公,也要抗争!板书:忠诚 + 坚守 + 责任 = 成功。

【执教教师评析】第一板块先从解读封面入手,牢牢抓住孩子的心。接着了解故事大概,理清主要事件。虽然文中人物也不少,但主要表现的是闪在多难的命运前面不屈不挠，阿格巴对闪的不离不弃，为照顾闪瘦得皮包骨，为寻找闪遭受到旁人的欺凌，流落乡间，被当作偷马贼抓进监狱……所以我就采用表格形式，让学生预习完成填空，理清故事的情节发展。第二板块是快乐阅读精品片段，预设最典型的、最扣人心弦的三个章节，课堂上静静地读书。

《草房子》班级读书会活动方案

资料来源：岳乃红. 班级读书会 ABC［M］. 北京：北京师范大学出版社，2007.

▶**作品分析**

《草房子》是曹文轩继《山羊不吃天堂草》之后又一部扛鼎力作。这部优秀的长篇小说写了男孩桑桑刻骨铭心、终生难忘的6年小学生活。6年中，他亲眼看见或直接参与了一连串看似寻常但又催人泪下、撼动人心的故事。作品沿袭了曹文轩一贯的厚重、质朴的写作风格，洋溢着浓浓的人文气息。在今天这样浮躁的社会、冷漠的世态中，他能真正感动所有的孩子，让他们回归精神的家园。

▶**参与对象**

班级读书会全体成员。

▶**学生分析**

对于今天衣食无忧的孩子来说，由于缺少人生的历练，他们的性格产生了这样那样的缺陷，面对这样一个物欲横流的社会，他们更多地表现出的是对他人的漠视和对人生的无畏。而《草房子》为他们搭建起的精神殿堂，能真正唤醒他们心底的人文情怀，使他们的心变得柔软起来，让他们真正学会感动。

▶**活动目标**

（1）交流阅读感受，加深对作品的理解。

（2）采用班级读书会的形式，促使个性化阅读与合作性阅读的融合。

（3）感受作品的人物魅力，体悟作品的生命诠释。

▶**活动准备**

（1）学生阅读《草房子》，完成读书笔记。

（2）以书友队为单位设计共同讨论的话题，再由教师进行综合。

（3）每个书友队选择书中的一个少年儿童形象，完成一段文字描述。

（4）制作多媒体课件。

（5）座位安排：撤去课桌，团坐一堂。

▶ **活动时间**

一个小时。

▶ **活动流程**

一、猜猜看

（1）教师说出对作品中秦大奶奶的一段文字描述，让学生猜猜人物的名字。

（2）教师从各书友队中精选出一些精彩的关于少年儿童形象的文字描述，由相关书友队读给大家听，让大家一起来猜猜看。

二、心心相印（人物篇）

（1）曹文轩在这本书里为我们描述了大大小小二十几个人物，其中最惹眼的、我们最感兴趣的也就是这些少年儿童形象，在这些少年儿童形象中，你最喜欢哪一个？

（2）这么多形形色色的儿童形象，你认为他们有什么相似的地方？

（3）在这么多人当中，你有没有找到自己的影子？你从他身上学到了些什么？

（4）刚才我们通过闲聊，似乎来到了《草房子》，来到了油麻地小学，那么我们有没有这种感觉：似乎细马正带着我们去放羊，我们似乎和杜小康来到了荒无人烟的芦苇荡，我们好像又跟着桑桑去玩了一些我们从来没有玩过的游戏。也许我们还会陪着纸月走过山路，从板仓走到油麻地小学。就让我们一起去油麻地小学，怎么样？来到油麻地小学，你最喜欢和谁交朋友呢？

三、真情告白（感悟篇）

（1）刚才我们每一个人都和书中的人物有了心心相印的对话，每个书友队的队员都有了心心相印的交流。我想读完这本书后，我们每个人心中都有或多或少的感悟，对你今后的道路、对你现在都有着一些启示。下面我们进入"真情告白"环节，谈一谈读了这本书以后，你最大的感悟是什么。

（2）学生谈自己的感悟。

（3）学生把自己的感悟浓缩成一句话写下来。

（4）学生交流自己的人生格言。

四、精彩回放（朗读篇）

（1）大家的感悟是非常多的。我想我们每一个人都还沉浸在《草房子》为我们营造的这个温馨的村庄里呢！这本书中最精彩的地方就是曹文轩为我们描述了很多少年儿童的内心世界，而且描写得非常细腻，下面我们就进入"精彩回放"环节，在这么多描写人物内心世界的段落里面，把你认为最精彩的读给我们听。

(2) 学生自由选择自己认为最精彩的段落伴着音乐读给大家听，并适时说说自己的阅读感受。

五、推而广之（推介篇）

(1) 所有这一切都让我们全身心地、完完全全地沉浸在了曹文轩的《草房子》里面，我想这本书带给我们的好东西也许是很多很多的。我们书友队的风格就是——好书共享，所以下面我们进入"推而广之"环节。

(2) 教师与学生分别进行推介。

(3) 教师向学生推介曹文轩的其他作品。

活动心得：我和孩子们在倾心交谈着，怀着同样一颗感动的心。不管孩子们将来所选择的是怎样的生活道路，相信这一段体验一定会在他的人生画下浓墨重彩的一笔。他们会记得有这样一个"班级读书会"，记得在这个交流会上自己成长、成熟的一步步。而作为一名教师，我也会记得这样的氛围、这样无拘无束的对话，因为在这样的精神殿堂里，我同样经受了一次洗礼。

（二）影视资源欣赏

影视是学生接触最多的一种传播媒介，它以直观快捷的形、声、光、电等输入方式进入学生的大脑，形成强大的现代信息冲击波，从而获得了大多数学生的喜爱。影视资源，是指借助银幕和荧幕所播放的具有应用价值的影视节目，包括优秀的电影和电视剧、较好的电视节目（如《东方时空》《感动中国》《百家讲坛》《挑战主持人》）、有文化品位的广告等。那些专门为语文学科教育教学而创作的影视作品，可以直接应用于教育教学实践之中，有很强的教育教学针对性。某些不是特意为教育教学创作的，没有明显教学意图的影视作品，经过教师的悉心挖掘和巧妙设计，同样可以应用于学科教学并产生教育功效。

1. 与文本内容相关的影视资源

自电影发明一百多年来，已有许多经久不衰，有着蕴含丰富审美内容的影片。其中与语文教学联系紧密的影片就有上百部，这为我们借用影视资源促进语文综合性学习提供了信息源。与语文文本相关的影视资源包括《西厢记》《红楼梦》《三国演义》《水浒传》《雷雨》《城南旧事》《草房子》《茶馆》《祝福》《阿Q正传》《孔乙己》《老人与海》《哈姆雷特》等。

2. 与课外阅读相关的影视资源

语文学习不能只停留在课内文本阅读上，课外阅读可以开阔学生视野，丰富学生阅历，增加语文知识。一些根据中外名著改编的影视剧，也属于学生课外"阅读"的范围，观看这些根据中外名著改编的影视剧也能促进学生产生阅读原著的兴趣，这无疑成了中学生名著阅读有效的引导方法之一。

根据中外名著改编的影视剧有《红楼梦》《水浒传》《三国演义》《西游记》《子夜》《家》《安娜·卡列尼娜》《呼啸山庄》《简·爱》《红与黑》《钢铁是怎样炼成的》等。

3. 与课文背景知识相关的影视资源

与课文背景知识相关的影视资源包括：陶冶学生情操，丰富写作素材，富有时代气息的《中国骄傲》《感动中国》《东方时空》《挑战主持人》等；可以使学生获得文学知识，具有浓厚文化底蕴，能便捷而有效地了解文化的电视节目，如《唐之韵》《百家讲坛》《电视散文》。

基于影视资源开展综合性学习，首先，要让学生明白影视资源是学习语文的辅助手段。基于影视资源的语文综合性学习，是以影视资源为基础，以语文学习为中心的综合性活动。在活动中，影视资源是辅助语文学习的一种手段，不能喧"影视"之宾，夺"语文"之主。其次，教师务必在观赏之前向学生提出具体要求，引导学生借用影视资源。如，讲述故事梗概，讲述主要内容，讲述同一题材的作品比较，讲出自己感受最深的地方，讲出影视作品最感动人的地方，讲出作品的艺术特点，讲出与文学作品的异同，等等。教师也可以事前进行相关影视常识的介绍，如影视语言、影视作品的章节、影视作品的修辞方法，等等。还可以在影视赏析后再介绍一些他人的评论，以提高学生的鉴赏水平。

四、调查研究式

调查研究式是综合性学习中最基本的一种学习形态，也是学生接触社会、参与实践、认识社会的一种有效方式。它以接触研究对象、把握对象特征、探索对象所存在的问题开始，通过观察、访谈被研究对象或查阅大量的文献资料，寻找实证，形成解释，最终目的是通过观察等途径发现研究对象背后的东西。这种活动方式能较好地锻炼学生的信息采集能力、调查问题和解决问题的技能、人际交往能力、批判性思维等。在第四学段的语文综合性学习中，有许多内容都需要学生采用社会调查的方式进行。如"说不尽的桥""漫游语文世界""成长的烦恼""让世界充满爱""科海泛舟""金钱，共同面对的话题""关注我们的社区"等，都需要学生进行社会调查。

这种活动方式以小组为单位，调查小组通常以5~7人为宜，且小组成员有共同的目标和兴趣。其基本程序是：详细拟订调查问题的提纲—选择有效的调查方式（个别访谈、小组座谈、书面问卷）—约定被调查者—调查中发现有价值的问题后做深度追踪。若是文献调查，其基本程序是：分析研究课题—选定检索工具—查找所需资料—形成文献综述。活动调查结果的呈现方式主要是调查报告。

活动之前，教师需要对学生进行社会调查相关常识的培训：怎样进行问卷设计，问卷设计如何突出调查的主题，如何分发问卷，如何尊重被调查者，怎样在问卷中进行叙述，怎样大胆走进社会进行调查，调查时应该有的口语表达方式以及相关礼仪等。问卷回收后，指导学生进行统计分析得出结论，等等。

"谈年节文化"的综合性学习设计

▶ **活动目的**

（1）能够用自己的话对春节生活做较为形象的描述。

（2）通过调查走访，初步感受原生态的春节氛围，仔细体会蕴藏在其中的文化底蕴。

（3）凭借"春节"这个载体，了解有关的民间艺术和民间风俗。

（4）通过调查走访与反思比较，分析传统春节味道淡化的主要原因并陈述理由。

（5）对优秀传统民族文化的流失现象感到忧虑，并自觉形成一种保护意识。

▶ **活动建议**

学生分组对自己的春节生活进行回忆并做描述；调查走访一个偏远山村，并做调查采访记录；采访自己的祖辈，做好采访笔记；学生对不同的春节生活进行比较、分析、交流。

▶ **活动步骤**

（一）导入阶段

现在年轻人的"精神餐饮"越来越"麦当劳"化了，简洁、方便、实效已经成为年轻人的主旋律，于是，传统节日被视为烦琐与累赘，正在心底渐渐被淡化，甚至被毫不吝惜地从记忆中抹去。不同的是，在山区或偏远的农村，还保留着春节的原生态，让我们一同走进民族文化的村落，捡拾失落的民间文化。

（二）实施阶段

1. 春节印象

（1）学生回忆自己的春节经历，分组描述过节体验。

（2）小组整理，汇集成春节生活纪实，推荐代表在班上发言。

2. 亲人访谈

（1）学生围绕春节话题和自己的祖辈聊天，了解并体验祖辈经历的春节生活，着重感受春节的原生态。（要求做笔记）

（2）分组交流讨论，将笔记整理汇总，一起研究传统春节的原生态。

3. 调查走访

（1）学生分组到选定的山村调查走访，内容包括：抄录春联，了解年夜饭的来历及其文化内涵，收集剪纸和年画，认识春节间各种语言行为上的禁忌及形成原因。这些涉及文学艺术、饮食文化、民间美术、年俗家趣、历史渊源、生活信念等，要求做好调查采访记录。

（2）小组讨论交流，对调查报告记录、归类整理。

（3）小组撰写一篇调查报告，内容主要是调查采访纪实及其思考。

4. 比较分析

（1）学生将回忆文字、采访记录与调查纪实联系起来比较分析，找出传统春节发生了哪些变化，指出主要原因，并质疑其合理性。

（2）小组讨论交流，汇总情况，求同存异，推荐代表在班上发言。

5. 讨论交流

（1）班级组织一次讨论交流活动，学生全员参加。

（2）小组代表围绕以上各项依次发言，其他同学认真倾听。

（3）同学相互发表意见，展开讨论。

▶ 评析

过年是我们中华民族的独有情结，是一个永远道不完的话题。本次综合性学习活动主要采用调查研究的方式，让学生获取资料，将人们的生活经验加以汇集并扩充，使涓涓细流汇成汪洋大海。学生对亲人的访谈也属于调查的一种方式，其间学生会注意采访时的礼仪和准备工作，确定采访的具体内容。学生们在整理资料的过程中会感受到年俗的象征意义和人们美好的生活信念。如：门上张贴"福"字，年夜饭中的"肉圆子"预示来年幸福美满，年画和菜肴中的"鱼"寓意着祈求明年丰收有余。另外，活动充分发挥小组合作优势，明确责任分工，协商决定方案，包括调查的方案、采访记录资料的搜集和归类整理，加上最后的讨论交流，很好地诱发了学生的自我反思行动，将讨论引向深入。调查问题和解决问题的技能，运用学科知识解决社会问题的技能，情感态度上的人际交往能力，研究和思维的能力，可以在此项活动中得到不同程度的培养。

五、综合表达式

综合表达式是组合了语言表达、音乐表达、造型表达以及形体表达等的一种综合性表达方式。它借助语言、戏剧、音乐、多媒体等促使学生成为丰富的表达者。在这种活动方式中，学生自我表达的形式已不再局限于学校所提供的作文、演说、讨论等，从而有助于培养学生的表达力和自信力，以及合作表达的能力。其主要组织形式有全班同学共同参与辩论会、朗诵会，自编自演课本剧、演绎故事、舞蹈、音乐和多媒体作品等，或言语表达，或模拟再现。在活动过程中，部分学生进行筹划，部分学生担任角色演出，部分学生设置情境，部分学生组织语言表达，其他学生担任评委和观众，随时提出观感和意见。

"爱'莲'说"的综合性学习设计

▶活动目的

（1）了解关于莲的科学知识，培养实事求是的科学精神和态度。

（2）阅读、背诵有关莲的诗文，培养理解、欣赏能力，感受文人赋予莲的美好品质。

（3）培养筛选信息能力、互相协作能力、口语交际能力。

▶活动重点

搜集、筛选资料，组织讨论会、展示会，写好活动小结。

▶活动对象

初二学生。

▶活动步骤

（一）准备阶段

1. 分组

将学生分为五个大组，分别探究莲的历史、品种、用途，莲叶自洁和防水之谜，藕断丝连的科学解释，莲生长繁殖得特别快的原因，千年古莲发芽之谜等。

2. 分别查找、筛选五个主题的资料及有关莲文化方面的资料

参加本活动的相关学科指导教师（包括语文、生物、美术、历史、音乐、计算机等）的准备工作：搜集筛选资料，对要指导的内容和学生探究过程中可能遇到的问题做好预案。结合本册课本第六单元综合性学

习内容，指导学生搜集资料的方法，例如如何在图书馆查阅资料和书籍，如何在互联网上搜索需要的信息，等等。

探究内容：

（1）五个科学探究主题。

①莲的历史、品种、用途。

②莲叶自洁和防水之谜。

③藕断丝连的科学解释。

④莲生长繁殖得特别快的原因。

⑤千年古莲发芽之谜。

（每组只完成一个探究主题）

（2）有关莲文化的探究主题。

①莲文化的起源与发展。

②咏莲文学作品赏析。

③与莲有关的名胜古迹。

④莲与佛教文化。

⑤莲的故事传说。

（每个及每组同学可以自由选择一个或几个探究主题，重点探究咏莲文学作品赏析）

3. 开始着手搜集文字和图片等资料

4. 整合资料，准备展示

（1）每个同学向本组上交一篇相关科学探究主题的说明文（字数不限），并由全体组员共同完成一篇本组科学探究主题的报告。

（2）展示形式：配乐朗诵、文学作品赏析、电子小报、手抄报、自创美术绘画展示、自创音乐作品展示、赛诗会、自创诗文展示、Flash欣赏等。

5. 采用自评、组内互评的形式对准备阶段的工作进行评价

（二）展示阶段

1. 学生组织活动，展示活动成果

（选两名学生做主持人，一名学生做电脑操作员）

（1）各个探究活动小组的代表上台展示。

①课件展示并自述"莲的历史、品种、用途"。

②自画图片演示"莲叶自洁和防水之谜"。

③实物演示"藕断丝连的科学解释"。

④实物解说"千年古莲发芽之谜"。

⑤解说"莲生长繁殖得特别快的原因"。

（2）赛诗会。

以小组为单位举行一个"咏莲诗词知多少"的赛诗会。规则：从第一小组开始，每一小组任何一个同学都可以站起来背诵一首关于莲的诗词，5秒钟之内，该组没有任何一个同学站起来背诵，该组就退出比赛，坚持到最后的小组获胜。

（3）配乐朗诵。

①散文诗《莲的心事》。

②散文诗《荷》。

（4）歌曲欣赏。

（5）学生自创歌曲演唱。

①《莲硕》。

②《荷塘小景》。

（6）散文配乐朗诵、比较赏析。

①《荷塘月色》（朱自清）。

②《荷塘月色》（张新勇）。

③散文组合《荷》配乐朗诵。

（分别摘自《刘墉散文精品》、洛夫的《一朵午荷》、方瑜的《荷塘夕照》）

（7）学生自创咏莲诗文展示。

①《莲之缘》。

②《莲》（小组展示）。

③《荷花是圣洁的天使》。

④《荷花》。

⑤《爱莲永恒》。

⑥《必咏莲》。

⑦《倾城之莲》。

（8）学生畅谈本次活动收获。

（9）齐背周敦颐的《爱莲说》。

2．教师小结展示活动（略）

（三）小结阶段

每人写一份有关莲文化的活动小结，要求600字以内。教师根据小结对学生进行评价。

▶ 评析

本次综合性学习具有很强的时代性，同时文学性强，思想深刻，既可提升学生的语文知识能力，又可陶冶学生情操，发展学生的思维，创造性地开发课程资源。综合性学习课程没有现成的教材、案例，需要执教者创造性地理解和使用教材，积极开发课程资源，从而为学生拓宽学习空间，创设语文学习实践的环境。同时引导学生走出课堂，走出书本，充分利用网络、图书馆等课外资源，让学生身临其境搜集信息、处理信息、学会学习。综合性学习强化对学生多种现代语文能力的培养，如上网查阅有关莲的资料需要学生运用网络搜索技能，选取整理有用信息与资料需要学生运用阅读理解与甄别能力，课堂小组讨论、展示活动等需要学生运用口语交际能力，将搜集到的信息进行分析处理，提出自己的观点建议并形成一定格式的书面报告、活动小结及自己创作诗歌散文等需要学生运用写作技能。同时，整个学习过程，涉及生物、历史、美术、音乐、劳动技能等多门学科知识的融合，情感的体验、正确价值观的培养、创新能力的开发也得到体现，这些都显示出了语文学科的综合性。此次语文综合性学习活动为以学生为中心的个别化、交互式和开放式动态学习提供了得天独厚的土壤。

学习反思：

1. 你认为综合性学习的基本样式与语文课外活动的开展方式有何异同？

2. 有人认为在中小学阶段开展调查研究式的综合性学习活动是难以实现的美好预设，学生的成果难以反映其活动过程的收获，并且容易出现以复制粘贴资料取代调查研究的造假。请谈谈你的看法。

本 章 小 结

综合性学习是一种特殊的语文课程形态。从实施综合性学习的一般过程来看，一项完整的探究活动大致要经历五个阶段：确定主题—制定方案—探究实践—展示结果—总结。

综合性学习实施的基本方式：资料查阅式、人物访谈式、阅读欣赏式、调查研究式、综合表达式。

▶ **思考与练习**

阅读以下材料，请从综合性学习实施的基本程序和基本样式进行对比分析。

【活动设计1】"做一回策划大师——'散文解V'创意活动"的综合性学习设计

▶活动目的

杨朔有言:"好的散文就像一首诗。"诗情画意是散文家追求的境界,也是我们引导学生品读散文的重点和难点。该主题活动的策划,意在通过审美情境的创设,激活学生的审美情感,使学生尝试进行审美创造。

▶活动准备

(1) 课前组织学生欣赏中国电视散文大赛获奖作品的录像。
(2) 教师随机点拨电视散文的特征和表现技巧、方法。
(3) 策划者事先制作好导入情境用的课件。
(4) 学生自读《故乡的榕树》一文。

▶活动过程

1. 情境创设

(1) 上课伊始,播放乐曲《明月千里寄相思》,并展示相关画面。
(2) 教师导入:圆月美曲使你联想到了什么?(生答后师总结)——游子思乡,文人墨客笔下,月亮成了思乡怀亲的触媒。其实岂止月亮,异乡的一草一木都会牵动游子的情思。我们先来欣赏一曲《故乡的榕树》。

2. 欣赏引导

媒体展示榕树的镜头及相关画面,读文,教师小结:景物因烙上作者的情感印记而获得生命。

3. 课堂创意

(1) 学生分为5个工作室,要求制作散文 MTV。
①加上简洁优美的标题。
②策划体现文章内容的画面。
③配以合乎情境的乐曲。
④辅之以声情并茂的解说词。
(2) 分工落实,学生开始活动。
(3) 小组推荐人员汇报创意成果。

4. 展示评价

(1) 评比汇报成果、最佳音乐、最佳画面构思、最佳标题、最佳解说词。
(2) 张贴各组的文字方案,有条件者利用电脑制成真正的 MTV。

5. 课外延伸

分5组合作选择合适的文本,进行散文 MTV 的再创作。

【活动设计2】兰亭书法文化研究

▶学习目的

(1) 通过了解兰亭的历史,增进学生对兰亭书法文化的认识,培养学生对书法的兴趣。
(2) 通过对兰亭书法文化的研究,让学生体验自主学习的乐趣;通过小组分工协作和信息成果共享，培养学生的合作精神。

（3）通过对兰亭书法文化的研究，培养学生对家乡、对中国传统文化的热爱。

▶学习过程

1. 学习活动准备

（1）教师准备：说明学习的目标与原则，指导综合性研究学习的方法，如选择课题、搜集资料等；鼓励学生积极参加兰亭书法文化的研究；为学生推荐相关网络资源（如兰亭网），推荐书法文化报刊（如《中国书法》），推荐当地的书法社团；联系兰亭景区，准备实地考察研究；准备相机等。

（2）学生准备：按照学习内容，围绕课题，联系实际，确定研究板块：兰亭书法文化史话、兰亭书法节、书法文化与生活。按照各板块内容，学生自由组成活动小组，各组选一名组长。各小组在组长的带领下，发挥个人特长，进行组内分工。确定研究的方法：报纸杂志资料搜集、网络搜索、实地考察、专家访谈等。

2. 学习活动板块

（1）板块一：兰亭书法文化史话。

①兰亭的来历。②王羲之在中国书法史上的地位及影响。③王羲之与兰亭。④《兰亭集序》和兰亭书法圣地的确立。⑤历代书法大师与兰亭。

（2）板块二：兰亭书法节。

①历届兰亭书法节。②书法盛会的历史再现。③书法节与书法文化。④兰亭书法节与绍兴的经济、文化。⑤兰亭书法节的国际影响。

▶阅读链接

1. 杨舜山. 初中语文综合性学习的课堂运作［J］. 中学语文教学参考，2008（9）：42-44.

2. 洪宗礼，柳士镇，倪文锦. 母语教材研究（第五卷）：外国母语课程教材综合评介［M］. 南京：江苏教育出版社，2007.

3. 艾斯奎斯. 第56号教室的奇迹［M］. 卞娜娜，译. 北京：中国城市出版社，2009.

4. 王爱娣. 美国语文教育［M］. 桂林：广西师范大学出版社，2007.

5. 申宣成. 中英母语教科书综合性学习设计之比较：以英国《英语技能》和我国4套教科书为例［J］. 当代教育科学，2011（2）：32-34.

6. 周益民. 上读书课啦［M］. 北京：北京师范大学出版社，2007.

7. 岳乃红. 班级读书会ABC［M］. 北京：北京师范大学出版社，2007.

第四章
基于语文课程的综合性学习的实施现状及策略

> ▶ **本章学习目标**
> （1）了解综合性学习的实施现状。
> （2）把握综合性学习实施的基本策略。
> ▶ **本章核心概念**
> 语文课程资源　活动情境化　教师引导与学生自主探究的关系

▶ **导入案例**

在进行"马的世界"的语文综合性学习活动时，课程的前半部分，教师出示有关马的邮票、国画、剪纸以及"马"这个字的小篆、隶书等不同写法的变化，然后学生们分成两大阵营进行竞赛，讲有关"马"的成语典故，课堂气氛热烈；课程的后半部分，教师播放蒋大为唱的《骏马奔驰保边疆》，配以 Flash 动画，让学生跟着唱了起来，连续唱了 3 遍，尽管是课前做了较为充分的准备，学生们也唱得很好，可听课者总有一种很别扭的感觉。

提问：为什么这样的活动设计会让听课者觉得别扭？如何避免这样的"别扭"？

第一节　教材本位综合性学习的基本描述

一、教材本位综合性学习的基本内容

所谓教材本位综合性学习设计，简单地说就是将综合性学习内容教材化，也就是按照语文课标中关于综合性学习的目标和要求将综合性学习编入语文教材中，具体表现为教材所呈现的语文实践性活动设计方案。当前使用的人教版、苏教版、北师大版、语文版等语文教材中的综合性学习设计都是基于这一本位的设计。教材本位的综合性学习设计已经成为中小学教师和学生开展语文综合性学习的参考案例和模板。

教材本位综合性学习根据学习内容可以分为以下几种。

（一）本学科内容的综合性学习

本学科内容的综合性学习主要是指阅读、写作、口语交际知识的整合。

1. 语文知识的综合运用

语文基础知识包括汉语语音、文字、词汇、语法知识、修辞知识、逻辑知识、文章知识、文学基础知识、文言文基础知识等。语文基础知识的获得不仅仅靠语文教师讲解、学生记忆与机械训练，更需要学生的语文实践，需要对语文知识的综合运用。例如人教版语文九年级下册"我所了解的孔子和孟子"的综合性学习设计，就是要求学生查阅孔子、孟子的生平和主要经历，他们的言论思想和著作，以及他们对后世和周边国家的影响。这些都需要学生查阅大量的文献资料，并且研读孔孟著作中的某些内容。人教版语文教材中有"写祝福""做书目""写提示语、广告语""写研究报告""写诗歌""写临别赠言"等多样活动内容形式。苏教版语文教材中有"编写公益广告""写剪报文章"等活动安排。北师大版语文教材中有"写请柬""写会后总结""写通讯稿""编剧本""撰写考察报告""写竞标书""记述别人讲的故事"等活动内容形式。

2. 听说读写能力的整体发展

语言的获得，只有听说读写相辅相成，相互促进，同步迁移，才能整体推进。每一次综合性学习过程，实际上也就是语文听说读写能力的实践活动过程。综合性学习要求学生查阅文献资料、制订活动计划、以书面或口头方式呈现学习结果、写感受及实况记录、调查、采访、讨论、演讲、讨论等，无一不融合听说读写的训练。例如，人教版语文六年级上册"轻叩诗歌的大门"单元"与诗同行"板块中的活动建议中提到"在小组里讨论一下，选哪几首诗歌来朗诵，交流一下采用何种方式使自己小组的诗歌朗诵起来更为精彩，还要商量怎样开好这次班级诗歌朗诵会"。

现在的语文教材一般以某个主题或某种题材来组织单元，综合性学习也是以某个主题或题材进行设计，将阅读、写作、口语交际的内容整合在这个主题和题材中。例如人教版八年级下册"献给母亲的歌"的综合性学习设计，既要求学生搜集阅读关于描写母爱的诗歌、小说、散文，还要说出自己对母亲的感受，并配乐朗诵诗词、唱歌或讲故事、演讲等，最后写一篇母亲的小传，或者写一篇关于母爱的作文。在这个综合性学习过程中，阅读、写作、口语交际能力的训练融合在一起，协调整体发展。

（二）跨学科的综合性学习

综合性学习不再拘泥于语文学科，而是注重与科学、人文、自然和社会等各个领域的内容整合。跨学科突出了语文课程与其他课程的相通，语文知识与其他各种知识的融合，改变了过去语文活动课中的"唯语文"倾向。语文综合性学习大多以"问题解决"和"活动探究"的方式进行，在这样的学习活动中，较多关注的是学生的参与和体验，但是学生在参与社会实践活动的同时，必须有一定的书本知识基础，根据自己的观察和体验，整合知识，运用原有的知识，生成新的知识。例如考察本地的山水风光、动植物资源、建设新貌，调查采访当地的企业家、劳模、英雄等名人，并为他们撰写传记，调查家族、乡镇、街道、工厂的发展史，调查社会生活中的热点问题，这些都需要学生有深厚的知识储备。

苏教版语文八年级下册的"社会新商品调查"，假设学生是某一生产厂家或商品推销公司的职员，企业安排他对某一种或某一类商品的市场行情进行调查。在这个综合性学习中，要求学生首先了解该商品的主要用途，调查该商品主要适用于哪些群体；走访商场，询问营销人员，注重顾客意见、退货情况和返修比例，走访商品的使用客户和一般客户等，最后写出相应的完整的调查报告。而科技小课题方面的综合性学习，例如"农村水污染调查研究"，就要求学生根据科学原理试验，利用一定的仪器，检测农村的水质状况。

以人教版义务教育课程标准实验教科书《语文》为例，7—9年级教材共设置了18次综合性学习活动。具体内容见表4-1。

表 4-1　人教版义务教育课程标准实验教科书《语文》综合性学习活动

册次	单元序号	综合性学习主题	册次	单元序号	综合性学习主题
七年级上册	第二单元	漫游语文世界	七年级下册	第二单元	黄河，母亲河
	第四单元	成长的烦恼		第四单元	戏曲大舞台
	第六单元	少年正是读书时		第六单元	马的世界
八年级上册	第二单元	让世界充满爱	八年级下册	第二单元	寻觅春天的踪迹
	第四单元	走上辩论台		第四单元	到民间采风去
	第六单元	怎样搜集资料		第六单元	背起行囊走四方
九年级上册	第二单元	青春随想	九年级下册	第二单元	走进小说天地
	第四单元	好读书　读好书		第四单元	乘着音乐的翅膀
	第六单元	话说千古风流人物		第六单元	岁月如歌——我的初中生活

通过分析，我们可以看到现行语文综合性学习的主题、活动方式及知识内容的分布。

从活动主题所体现的文化内涵来看，语文综合性学习的主题包括以下几种。

（1）对学生进行情感态度教育："让世界充满爱""岁月如歌——我的初中生活"。

（2）对学生进行价值观引导："青春随想"。

（3）对学生进行心理健康教育："成长的烦恼"。

（4）培养学生热爱自然、亲近自然的意识："寻觅春天的踪迹""马的世界"。

（5）让学生感受祖国文化的博大精深："到民间采风去""话说千古风流人物""背起行囊走四方"。

（6）引导学生感受音乐美："乘着音乐的翅膀"。

（7）培养学生的生态环境意识："黄河，母亲河"。

（8）培养学生的学习兴趣："漫游语文世界""走进小说天地""走上辩论台"。

（9）对学生进行学习方法指导："怎样搜集资料"。

从活动所涉及的知识内容来看，7—9 年级教材中语文综合性学习涉及的知识主要有："黄河，母亲河"活动涉及黄河流域人类文化遗址、历代王朝建都位置、黄河的发源地、黄河流经地区的历史和地理知识。"戏曲大舞台"

活动涉及戏曲剧种及其演变的知识、中国戏曲特点的知识。"马的世界"活动涉及汉字演变的知识和与"马"有关的历史人物或历史故事的知识。"让世界充满爱"活动涉及记叙文写作知识。"走上辩论台"活动涉及议论文写作知识。"怎样搜集资料"活动涉及搜集资料、整理资料,对资料进行分类、筛选的方法知识。"到民间采风去"活动涉及汉语方言知识。"背起行囊走四方"活动涉及对联知识。

二、教材本位综合性学习的呈现方式

某些教材在编排时将综合性学习活动处于与"阅读教学"并立的位置。如人教版语文教材的每册教科书内容分为三部分:阅读,写作、口语交际,综合性学习。其综合性学习以"话题"的形式呈现,每册教材设置两个综合性学习活动的话题,在与阅读内容相关的单元后面呈现,配合阅读教学,如人教版高中第五册语文教材中设置了"我说鲁迅""感受儒家文化"两个话题。每个话题一般提供几个活动方案的建议,让师生们选择。

某些教材编排的综合性学习活动处于与"单元教学"并立的位置。例如,北师大版语文教材的教科书内容系统分为:单元教学;"表达·交流"综合实践;语文趣谈。其综合性学习内容以模块形式呈现,每一册语文教科书就是一个模块,每个模块包含系列综合性学习活动的专题,如八年级上册语文教科书安排了"简洁之美""细致之美""平易之美""思想之美""情感之美""恰当之美"6个专题,每个专题都有"读写说互动"及活动方案的建议。

三、教材本位综合性学习内容方面存在的问题

(一)活动探究空间狭小

对于学生而言,综合性学习是有别于封闭式语文课堂学习的一种学习方式,其区别于课堂学习的最大特点之一就是,综合性学习将学生的学习置入一个相对自主的实践活动过程中,由学生独立发现问题、分析问题、解决问题。其中,搜集、处理信息是一项非常重要的基础工作。《义务教育语文课程标准(2011年版)》的总目标之一是:"学会使用常用的语文工具书。初步具备搜集和处理信息的能力,积极尝试运用新技术和多种媒体学习语文。"综合性学习的探究性,很大程度上体现在学生对资料信息的搜集整理和分析综合的过程中,这是学生学会探究的第一步。故而,课程标准在制定综合性

学习目标时，非常重视学生对资料的搜集，其4项目标中有3项涉及搜集查找资料的内容。

纵观现行语文教材的综合性学习单元，尽管综合性学习的内容各不相同，但其编排方式基本上还是根据单元主题或单元阅读部分的课文内容来设置的。人教版教科书遵循的是"因文设练"的编排思路，即以文选为中心，根据选文的内容确定技能训练的内容和方式。这样编排的优点在于与单元学习内容紧密联系，选文的阅读能够为其他领域的学习提供范本和引导，积累一定的情感和学习动力。当然，其缺点也是显而易见的，不是所有的综合性学习都能与单元主题或单元阅读部分的课文内容紧密联系。以人教版语文八年级上册为例，6个单元的综合性学习分别是：①世界何时铸剑为犁；②让世界充满爱；③说不尽的桥；④走上辩论台；⑤莲文化的魅力；⑥怎样搜集资料。其中①②的综合性学习与单元主题联系紧密，③⑤的综合性学习内容与单元阅读中的部分课文有联系，而④⑥的综合性学习与单元主题及课文内容并没有什么内在联系。再者，按单元主题或阅读课文来设置综合性学习，容易使综合性学习受到教材阅读主题的制约，从而处于一种附属的位置，很容易被忽视。

而大凡需要查找资料的活动设计，教材都在搜集、处理信息方面有内容翔实、分类明晰的参考资料以对应单元的各项学习活动。这固然为师生做出了很好的示范，但是，书中资料如此丰富详尽，学生几乎用不着费多大气力就可以完成设定的综合性学习任务，这无疑剥夺了学生的活动可能。由于教科书提供的参考资料过多，教师与学生难免在综合性学习中忽略过程而直奔结果，把综合性学习弄成了"阅读分析课""材料作文课"。教科书为学生的综合性学习提供参考资料应该是示范性的，而不是挤占学生的探究空间。教科书应该指导学生如何去搜集整理资料，而不是越俎代庖地提供大量现成的资料。

统观苏教版小学语文教材，只有五年级上、下册和六年级上、下册共4册单列出"学和做"（即综合性学习板块），每册一个主题，共4个主题。其中五年级下册以"节约用水"为主题编写设计了一次语文综合性学习。教科书从综合性学习板块的引言开始，分五个环节来逐步指导开展语文综合性学习活动：①小小调查：任选一个项目进行调查研究，并将结果用文字或图表等形式反映出来。②谈节水，学成语：读一读下面的成语，再背下来。③介绍节水小窍门：先案例呈现，再交流各自生活中的节水小窍门。④编写公益广告：下面是几条节约用水的公益广告，再试着自编几条。⑤大家来抢答：三道选择题抢答。乍一看，这个主题的语文综合性学习板块的内容很是丰富，教材也提供了详细的活动开展的步骤，但是②③⑤环节完全是陈述性知识的集合，只有①④环节体现出如何操作的具体程序性知识。对于复杂而宽泛的节水主题的这一综合性学习活动来说，这些程序性知识显然是过于单薄、捉襟见肘了。

（二）活动设计欠缺系统性

现行语文教材关于综合性学习的活动安排尚欠缺全盘设计，没有呈现出一种递进的梯度，学段与学段之间的关联不大，对于学生相关能力的培养缺乏整体设计，不少的活动设计如同阅读教学的附庸。

具体到每一个综合性学习单元，其设计也比较缺乏专题性，即缺乏整合全部活动的课题或问题。例如"历史传说中的马"的活动设计，编者要求学生搜集我国历史传说中与马有关的历史人物，然后讨论"千里马和伯乐"的话题，编者列出与话题有关的两个不同的观点，让学生选择并说明理由。最后编者要求学生写一篇与马有关的小故事或参加活动的心得体会。首先，这样的设计框定了一个思路，对于师生而言，无疑是直接形成了先入为主的定式，难以突破。并且，这样的设计思路也并非具有示范性，其呈现的资料并不能完全支撑话题里的观点，而活动也只是为写作提供材料而已。这样的活动探究空间相当有限。语文课程标准建议综合性学习"应突出学生的自主性，重视学生主动积极的参与精神，主要由学生自行设计和组织活动"，语文教科书对综合性学习的活动设计应该少而精，应该为学生的"自行设计"留下空间。

人教版小学语文共 12 册教科书，从三年级上册开始，教科书正式有设计编写的语文综合性学习板块，其活动主题详见表 4-2。

表 4-2　人教版小学语文综合性学习活动主题

年级	活动主题	具体活动指导
三年级上册	课余生活	可以用文字叙述、填表格、画图画，边记录边整理资料，和同学交流
	中华传统文化	以小组形式分头开展活动，搜集整理资源，讨论以何种方式展示成果，并交流
三年级下册	父母的爱	了解父母疼爱自己的表现并考虑如何回报父母的爱
	家乡环保	开展调查周围环境的活动，自由成组，分头行动
四年级上册	读、讲、编、演童话	搜集并阅读自己喜欢的中外童话，再互相推荐、交换阅读，然后自由组合，选择汇报展示的方式
	成长的故事	多渠道了解伟人、名人及亲人、小伙伴的成长故事，以多种方式展示学习的收获

续上表

年级	活动主题	具体活动指导
四年级下册	走进大自然	走进大自然观察动植物的生长以期受到启发,了解人类受到这些启发后的发明创造,还可以自己动手做实验
	走进田园	家在农村的学生,回忆家乡的田园风光,城里的学生实地体验农村风土人情,还可以搜集国内外农村生活的资料
五年级上册	读书	给出六条活动建议,自由成组开展活动,感受读书的快乐
	遨游汉字王国	"有趣的汉字"和"我爱你,汉字",根据活动建议开展活动
五年级下册	发现语言的魅力	从具有特色的熟语、公共场所的提示语和广告词、相声和评书及对白三个角度来表现汉字的艺术性和魅力性
	走进信息世界	分两个分部:"信息传递改变着我们的生活","利用信息,写简单的研究报告",根据活动建议开展活动
六年级上册	热爱祖国	给出四条提示来开展活动
	轻叩诗歌的大门	"与诗同行",给出四条活动建议
六年级下册	难忘小学生活	"成长足迹"和"依依惜别",根据给出的几条活动建议开展活动

资料来源:陈琴. 小学语文教科书综合性学习板块编制研究:以人教版、苏教版、北师大版为例[D]. 上海:上海师范大学,2014.

从表4-2可见,人教版小学语文教材综合性学习板块活动设计中的活动建议罗列了很多细条,以期指导师生开展实践活动,但是各年级的活动设计联系不够紧密,使得学生的知识、能力训练缺乏一种梯式结构,且操作性不强。它没有把具体实践的步骤做出程序性的分解,所以教师在指导综合性学习时方向感较弱,削弱了教科书的教学指导功能。

(三)内容取向偏重文化性和思想性

当今课程改革尤为看重语文的文化传承功能。不少综合性学习的探究话题就是以某个文化主题为切入点来展开进行的,引导学生感受优秀文化的陶冶,以此提升学生们的文化素养和人格魅力,诸如"岁寒三友""母亲河的赞歌""奥林匹克精神""名胜古迹""说名道姓""轻叩诗歌的大门""中华传统文化""童话""遨游汉字王国",这些文化专题浸染着文化的魅力。"世界何时铸剑为犁""让世界充满爱""我爱我家""莲文化的魅力"等综合性学习专题,主题非常鲜明、严肃,思想性很强,但趣味性不足,离学生生活较远。可见,现行语文教材关于综合性学习的内容设计安排偏重活动主题的价值选择,教材大体上是按照课文的单元主题内容来安排综合性学习内容。

以人教版语文教材为例,综合性学习所涉及的内容比较集中于中国文化层面,以中国传统文化主题居多,例如"丰富多彩的月亮文化""黄河与中华民族历史文化的深远关系""我国历史传说中的马""戏曲大舞台"等。这些活动主题固然可以让学生更多地接触中国传统文化,但这浓重的中国文化情结无疑遮蔽了语文综合性学习本该拥有的广阔空间。即便是以文化为主题,现行教材的文化主题也欠缺探究的空间。例如,在"黄河,母亲河"这一综合性学习活动里,教材设置的内容是"查找有关资料,说明黄河与中华民族历史文化的深远关系"。苏教版语文教科书在关注文化方面的设计,如"汉字""长城"等,亦是局限于对民族文化的了解。在这样的设计之下,学生活动就局限于证明一个已知的结论。

与现有的传统文化主题相对比,教材中的综合性学习关于现实生活的内容显得分量太轻,对现实社会的实际问题关注太少。部分与学生成长有关的话题,如"这就是我""成长的烦恼""我也追'星'"等,也仅限于供学生讨论。语文教材中关于综合性学习的内容取向缺少对社会、民生、自然存在状态的关注,应该多些对人类与自然关系的关注,这种关注是将自然的问题视为自己的问题,以达到改变人类生存方式、与自然和谐相处的目的。在这方面,新教材为综合性学习提供的可探究的内容实在太少了。

中国传统文化一向重视道德教育,我们的母语教学负载着德育教育的重任。在这样的目标指引下,我们的语文教育大多是一些渗透着"德育"意识的选题,"思想文化价值"成为我们选题的第一要义。试看美国小学生的研究论题,如"当你乘坐的轮船沉了,你漂流到一个荒岛上,你将怎么生活","任选一个州,介绍这个州的风土人情""我心目中的美国""我怎么看人类文化""中国的昨天和今天""你认为谁对第二次世界大战负有责任""你是否认为当时只有投放原子弹一个办法才能结束战争"等,这些选题从宏观出发,以整个世界和社会为研究对象(特别关注与人类生存、社会发展息息相关的重大问题),并且论题的开放性使得学生少了许多"道德标准"的束缚,关于主题的确定、研究视角的选择、方法的运用和语言的表达,均有很大的灵活度,给了学生广阔的思维空间。《素质教育在美国》的作者黄全愈介绍儿子矿矿在小学二年级的时候就开始搞"研究"了,有一天他从学校图书馆带回来十几本参考资料,说要做关于蓝鲸的研究。看着儿子带回来的全是关于蓝鲸和鲸鱼的书籍,作者也不禁觉得美国教学不可理喻。谁料到,没过几天,儿子竟将由三张活页纸订成的研究报告呈现于爸爸面前,而且还煞有介事地在封面上清楚地写道,论文包括4个小题目:①介绍;②蓝鲸吃什么;③蓝鲸怎么吃东西;④蓝鲸的非凡之处。从提出问题到做出解决问题的设想、搜集材料、分析资料、取得结论、语言的表达等一系列过程,儿子都始终处于一种独立工作的状态。几年下来,孩子的信息处理能力、独立探究问题的能力、创新的能力已大大增强。"一粒沙子见世界。"由此可见,学生搜集处理信息能力、独立探究问题能力的培养还是需要具有开放性、探究性的空间。

学习反思:试以北师大版语文教材为例,分析其语文综合性学习内容的设计。

第二节 基于教师角度的综合性学习实施的基本描述

教育主管部门及学校领导对综合性学习意义的认识以及所采取的相关措施,对教师实施综合性学习有至关重要的影响。如果没有具体的有力的配套措施,综合性学习的实施往往会流于形式。这会导致不少教师在综合性学习方面没有行动,甚至根本就没有想到要进行综合性学习方面的活动。此外,大多数教师在观念上仍把考试当作正统评价方式,因而对于不易进行考试评价、语文考试很少涉及的综合性学习也就不去关注。综合性学习的评价机制还没有建立与完善,教师因此无从进行评价,或者因为没有一个显性、量化的评价结果而感觉缺乏教学的成功感与价值感,因而对于综合性学习也就没有积极性了。

抛开这些外部影响因素,综合性学习在实施过程中存在的问题,更多是源于教师自身专业素养的高低。教师作为整个课堂教学中十分重要且唯一的课堂组织引导者,可以说,教师的教学水平、教师组织课堂教学的能力、教师自身的态度等,都是综合性学习正常有序开展的重要因素,并对其起着关键性的作用。

综合性学习不再囿于传统观念中的单科"语文"学习,它涉及开发利用语文课内课外课程资源,注重学科之间的相互渗透,注重学生在学习过程中的参与程度、合作态度、探究精神、创新意识、情感倾向等。这对于长期习惯于传统的课程观念和教学模式的教师，对于教师的知识结构、教学能力都提出了巨大的挑战。面对语文综合性学习活动，有相当一部分教师存在着知识、能力不足以指导开展综合性学习等问题。

一、语文教师专业知识结构落后

语文教师专业知识结构包括语文课程知识、语文学科知识及语文支撑性学科知识等。不少语文教师专业知识结构不够完备，这在语文综合性学习的指导过程中成为最大的障碍。

（一）对综合性学习的内涵、特征把握不到位

1. 未能正确认识综合性学习的内涵

目前有一种普遍的现象，即综合性学习似乎无处不在，又似乎游离于语文学习之外，导致综合性学习异化。许多语文教师的确在理念上接受了综合性学习，认识到综合性学习在语文教学中的积极意义，可是在实际操作中又不愿意或不敢做更多的工作。很多语文教师认为这是一种"独立"于语文教学的另类教学活动，可以不去具体指导学生学习，这种情况的出现固然是因为当前评价措施尚未配套，很多学校对语文综合性学习没有出台相应的考核机制，由于缺乏教学质量考核等现实约束而导致语文教师对综合性学习的轻视，但更深一层的原因是很多教师在教学上急功近利，对于耗时耗力还未必能看到成效的综合性学习自然是敬而远之了。因此，要改变这一局面首先得转变教师固有的观念。不少教师对综合性学习的认识普遍存在一定的误区，主要表现为：误以为综合性学习的目的在于其活动的社会意义，没有意识到综合性学习所指向的最终目标就是语文素养的提高；误将综合性学习等同于综合实践活动必修课或语文课外活动的另一种名称；将综合性学习简化为"搞研究"，错误地将综合性学习过程中学生的探究活动等同于科学工作者的科学研究；误认为综合性学习对实施要求比较高，条件好的城市中学才能开展，能力高、成绩好、头脑灵活的学生比较容易完成活动。这些都是曲解了综合性学习内涵的表现。

2. 综合性学习的"非语文"化

面对崭新的综合性学习，许多教师难以应付，只好按自己的理解，运用早已熟悉的方法来应对陌生的综合性学习。于是，有些教师把综合性学习活动课完全上成传统讲授教学的翻版，综合性学习如同纯粹的讲座；有些教师只是一味播放网上下载的一些课件；有些教师只是海阔天空地与学生闲

聊……基本上没有让学生走出教室、走出学校，没有引领学生到社区、图书馆、博物馆等场所去社会实践，这样就完全背离了综合性学习中实践学习的本质特点。很多时候，教师对综合性活动的关注度主要集中在课堂，而对活动前的准备、资料搜集与探究阶段重视得不够。有些综合活动需走出课堂、学校，但一些教师却嫌携带物资、联络、管理的麻烦，索性闭门造车，只求能应付表面的检查。

部分教师的惰性使得他们把综合性学习等同于一般的灌输式教学。每次定了一个主题，师生表面上忙忙碌碌，轰轰烈烈地去图书馆、阅览室找资料，回来把这些资料一剪一贴（如墙报展出）就算了事。有些干脆从网上下载，剪贴一下就算是自己的活动成绩。汇报起来洋洋洒洒，殊不知这些都是"舶来品"。

▶ 课例 4 - 1

在进行"莲文化的魅力"综合性学习活动时，教师课前布置任务，让学生到书上、网上去了解莲花（受地域限制只能在资料中了解莲花），明白它们的生长规律。课上要求将莲花的生长过程用水彩画画出来，一节课的时间比赛谁画得最棒。

▶ 评析

教师将这一节综合性学习课的学习目标停留在获取关于莲花的植物知识上，很显然没有注意到"莲"的文化内涵，因而游离了语文学科的范围。综合性学习中有许多跨学科的内容，这些内容的介入是为了拓宽语文学习和运用的领域，使学生在不同内容和不同方法的交叉中开阔视野，初步获得现代社会所需要的语文实践能力。它的最终指向仍旧是语文本身，所以教师在综合性学习的指导过程中，应时刻把握语文学科的基础知识和基本能力，以培养学生听说读写综合能力为重点，而不能舍本求末、越俎代庖，强求其他学科知识的准确性和完整性。否则，课堂再热闹，气氛再活跃，都不能算是成功的语文综合性学习课。

语文课程标准明确提出综合性学习"加强语文课程内部诸多方面的联系，加强与其他课程以及与生活的联系，促进学生语文素养的整体推进和协调发展"，这是从综合性学习的学习内容方面加以界定的，其中的"联系"表明，综合性学习仍要以语文的学科特性为主。实际教学中，这一宗旨却被许多教师曲解，导致在具体实施中滥用"跨学科"特点。我们必须认识到，综合性学习尽管注重综合，把自然、社会、人类历史等方方面面整合在一起，但它首先应该立足语文课程的本质特征，不管师生的学习活动采用什么方式，知识内容牵涉哪个学科，最终的落脚点都应是致力于学生语文素养的发展和形成，要尽可能让学生在使用语文中学会语文。

3. 综合性学习的"唯语文"化

与"非语文"化相反的是，不少教师对综合性学习活动的设计出现"唯语文"化的倾向，基本上还没摆脱以前"语文课外活动"的思维框架和活动模式，往往将综合性学习异化为传统教学中的听、说、读、写中某一单项技能的训练。例如：有的教师在组织实施"我爱我家"这一综合性学习单元时，把课文中设置的"老照片的故事""我家的一件珍品""妈妈的唠叨"三个情境看成是为作文而设置的活动主题，把这一单元的语文综合性学习完全上成了"活动作文课"。在这一观念下展开活动，学生势必为作文而选择活动主题，为作文而搜集、取舍素材，为作文而制造故事。实际上，这里的三个活动尽管都有作文要求，但"作文"不是主要目的，作文只是活动结果的一种呈现形式，只是为教师评价或学生评价提供一种手段。除了"作文"之外，设置这一单元还有以下几个期望：①培养学生探讨、追寻、调查研究的兴趣和能力，培养学生留意身边生活的意识；②在对家庭中平时不被注意的寻常小物小事的调查了解中，体验生活的底蕴及蕴藉的情意；③在活动过程中感悟关爱，理解关爱，体验爱心，生发爱心。更为重要的是，通过这次活动，要培养学生探讨、追寻、调查研究的兴趣和能力，培养学生留意身边生活的意识和健康的心理。

不少教师仅仅选取综合性学习专题中的文本内容进行阅读教学，只在提高阅读能力上下功夫。还有些教师在开展语文综合性学习过程中，担心"非语文"内容过多地介入，担心综合性学习不像语文课。很多教师把综合性学习当作话题作文、情景作文的一种形式，旨在搜集素材、积累素材，丰富写作内容。其实这种单项的训练背离了综合性学习的主旨，也很难真正提高学生的语文素养。因为这样的目标设置显然太单一、狭隘了。

以上这些教学操作的"无效化"导致学生活动得不到正确的指导，使得综合性学习处于放任自流的状态，学生难以从活动中得到预期的锻炼。

（二）知识困窘导致教师难以驾驭综合性学习

知识素养对教师来说必不可少，也是教师胜任其工作的基本前提。就知识的功能来讲，教师的知识可分为本体性知识、条件性知识和实践性知识。教师通过师范课程学习等途径，已较好地掌握学科知识、教育类知识等具有公共性质的本体性和条件性知识。教师实践性知识是教师在教育教学实践中实际使用或表现出来的知识。在教学这一特殊场域下，教师所掌握的公共性质的学科知识与教育类知识更需要一个本土化过程才能转化成为课堂实践。

对于这种实践性知识，无论是师范教育还是短期职前培训，都不会也不可能详尽涉及。此外，就语文教师而言，语文教师作为一个"杂家"，广博的知识背景显得尤为必要。单就中国传统文化知识而言，传统文化广博精邃，不仅关涉神话传说、天文地理，还包括诗词歌赋、文史典籍，更包括琴棋书画、园林建筑等。语文教师唯有具备相关的知识素养，才能对汉语文化及汉语文化内在的思想、精神、方法和智慧有自己的领会和感悟，才能真正贯彻语文课程理念，实现语文课程目标要求。

并且，综合性学习对传统的语文课堂教学提出了极大的挑战，它要求语文教师要从课本中、从课堂中、从教师的讲解与分析中解放出来。它所倡导并推行的是一种跨领域、跨学科的学习，更多地将语文学科与其他学科综合起来。因此大量的知识素养和才能对于语文教师来说就显得极其重要，这时就需要语文教师扩充知识面及知识量以备课堂教学所求。综合性学习虽立足于语文，但其实际的活动内容却远远超越语文的视野范围，很多时候需要走进社会生活去尝试或者要进行跨学科的尝试，这就必然要求语文教师拥有比较丰富的社会科学知识与基本自然科学知识，这样才能对综合性学习的教学得心应手。由于大多数语文教师平时教学任务重、备课时间紧、作业批改量繁重等，他们学习更新的时间非常有限，因此对超出本专业的知识就会无从下手，往往不知所措的局面便会随之发生。

语文教学对语文教师知识素养的要求较高，其掌握的知识范围理应较为宽泛。

在人文学科专业范畴，首先，语文教师应大量阅读中外文学作品，提高语文素养，吸收文学作品的精神内涵。其次，语文教师还要广泛阅读课程改革、语文课程与教学论、语文教学技能、语文教学案例、语文教育评论等相关知识，以及语文教育名家、特级教师著作的书籍、杂谈、观点等。再次，语文教师更应该多阅读语文相关期刊、浏览语文教育相关的网站等，以此了解最新的语文教育教学新视点。最后，语文教师还应当夯实传统文化知识基础，包括：各种民俗，儒家、道家等诸子百家的思想主张，古代的天文、历法，历史概要和历代行政区划的演变，古代官职与科举制度，古代的姓名、礼制与宗法制度，古代的衣、食、住、行，还有古建筑、文物、古文、民族音乐、民族戏剧、书法字画等基础知识。这是语文教师知识素养的应然状态，遗憾的是，实然状态却不容乐观。许多语文教师知识更新缓慢，知识水平基本停留在求学阶段，对其他学科知识了解太肤浅，很多语文教师不善于利用网络媒体等资源，在组织开展"莲文化的魅力""马的世界"等综合性学习时不懂得借助多媒体组织、呈现学习内容，导致无法完成这些活动或完成得不够好。

在自然学科范畴，语文教师必须进行科学扫盲，对自然科学的基础知识要有所了解，至少要对教材所涉及的自然学科知识有所了解，例如克隆现象、极光的形成等，以保证语文教学知识的正确性。同时，语文教师应当关注科技发展动态，了解科技发展的最新成果，感受科学给社会生活带来的变化，对于诸如航天技术、纳米技术、生物工程、电子信息等方面的科技知识，语文教师应做概括性了解，在课堂教学中适当穿插作为语文知识的延续补充，使语文教学与社会生活相联结，触发学生对自然科学跃跃欲试的探求心理。此外，语文教师还要形成一定的科学思想和具备相当的科学能力，建立科学的自然观、生态观和可持续发展的观点，强化用科学知识与科学思维处理和解决社会及个人问题的意识，如对环境污染、生态失调、能源危机、交通紊乱、人口、食品等一系列问题的研究和探索，并能做出理性评价。例如，学习《绿色蝈蝈》《看云识天气》这些课文时，可以引导学生学习作者细心观察的科学方法，培养学生在反复观察中找出规律的科学方法。

二、语文教师组织引导能力欠缺

综合性学习的内容和方式都充满自主性，语文课程标准也积极倡导语文教师应高度重视课程资源的开发与利用，创造性地开展各类活动。但是，不少教师受传统的语文教学方式的影响，教学设计能力欠缺，在活动设计方面表现出盲从或生硬模仿。部分教师在语文综合性学习难度的处理上欠妥当：要么太难，整个活动呈现一种"万马齐喑"或"几枝红杏出墙来"的态势；要么太简单，整个活动呈现出一种轻飘飘、轻松无聊的态势。这两种态势使学生在体验、情感、态度、价值观诸方面基本上都无所收获，是一种无效的学习方式。

综合性学习主要由学生自行设计和组织，教师虽然不可包办代替，但对学生自行设计和组织活动应给予必要的指导，提供及时的帮助。目前，在综合性学习中出现两种极端现象，一种是教师在综合性学习中扮演事必躬亲的参与者角色，诸如直接安排活动主题，给学生呈现既有的学习资料，这样无疑剥夺了学生学习的主动性和积极性，从本质上否定了综合性学习。另一种则相反，教师在综合性学习中扮演袖手旁观的看客角色，对综合性学习中学生出现的方向性偏离和陷入的误区不予指导，对综合性学习活动的展开节奏不予有效控制，最终导致学生的学习活动无序进行，浪费了有效的学习活动时间。此外，综合性学习是一种面向全体学生的学习方式，但是在实际的活动过程中，活动的主动权往往在部分优秀学生手上，那些学习成绩相对落后的学生由于综合能力不强而成为旁观者。这完全违背了综合性学习的初衷。

部分语文教师的教育学、心理学知识不充分,尚未形成一个运用理论来指导语文教学实践的良好习惯。因此,在综合性学习中,教师引导学生开展实践活动难以得心应手,缺少对活动的有效组织和管理。例如,综合性学习的开展以学习小组为基本单位,活动效果在很大程度上取决于小组合作的成效如何。很多教师的做法是按座位的自然分布状态分成合作小组,成员少则4人,多则8~12人不等。只有少数教师能够根据学生意愿,采取自愿组合的形式分组。而事先综合考虑学生的智力与非智力因素,并根据"组间同质,组内异质"原则进行分组并开展综合性学习的教师则非常罕见。这表明很多教师在小组合作学习过程中考虑不足,对小组的安排过于随意,小组成员之间能否合理分工、能否有效合作都不在教师的调控之中,小组合作的实效性必然受到影响。

此外,有相当一部分教师没有重视综合性学习的生成性。在备课时将问题预设好,在学生自主活动时,教师将学生圈在预设的范围内,学生的思想受到控制,问题不能自然生成。如某位教师组织学生进行"漫游语文世界"综合性学习活动时,有一个环节是"走上街头,搜集公益广告、精彩店名"。有一部分学生在搜集、分类精彩店名过程中敏锐地发现了个别店名用语中存在错别字,因而在汇报成果时将这一问题罗列出来,并加以改正,积极正视大众生活用语中语言的不规范现象。这是一个很好的契机,教师应该就此让同学们展开讨论,教育学生懂得纯洁祖国的语言文字,更应明白维护语言文字的规范要从自我做起,从小做起,从身边做起。这样不仅可以鼓励学生时时观察生活,更在生成的新问题中培养了学生解决问题的能力。然而,该教师没有给学生这个机会,而是硬将学生拉回原先的问题中,依旧讨论店名的精彩,忽略了错别字问题,因而学生还是在教师严格的遥控中接受学习,不能创造性地思考实际问题,更谈不上运用听说读写的综合语言能力解决现实生活中的实际问题。笔者认为语文综合性学习就是以问题为中心,以活动为方式,强调学生主体性的一种学习方式,而这样的无效设置问题必然导致训练无效的问题解决能力。

三、语文教师开发课程资源能力不足

长期以来,语文课程资源结构单一,教材常被视为课程教学的唯一资源,教师们习惯于遵循式使用教材资源,往往放弃自我对课程资源的开发。长此以往,教师对教科书和教学参考资料产生依赖,而当面对综合性学习的课程资源的开发就显得特别困窘。如"探索月球奥秘""追寻人类的起源"等综合性学习,需要通过媒体去搜集、处理大量的资料。可以想象,一位不

懂得搜集、处理信息的教师，怎么可能指导并培养学生查询、搜集和整合课外资源的能力？

参考语文课程标准中所列的资源"清单"，可将综合性学习资源分为下面两组。

1. 校内资源和校外资源

校内资源如图书馆、信息中心、活动中心、环境布置、文艺演出、文学社团和师生员工等。这些校内资源方便易得，如"我为校园添光彩""如果我主办校刊""走进图书馆"等综合性学习，就可考虑如何开发以上资源。校外资源有学生家庭生活、社区生活、社会风云、博物馆、纪念馆、展览馆、自然风光、文物古迹和风俗民情等。如"我爱我家""关注我们的社区""到民间采风去""童年的游戏""走进奥运"等，就是旨在开发这类资源的综合性学习。校外资源与校内课程资源互为补充。

2. 文本资源和非文本资源

文本资源是指利用文学记录的资源，包括教科书、工具书、课外图书、报纸杂志、布告栏、报廊、各种标牌广告和学生的习作、日记、周记等，它们是综合性学习赖以实施的最主要的资源。综合性学习主要考虑开发和利用文本资源。非文本资源是指文本以外的资源，如报告会、演讲会、辩论会、研讨会、戏剧表演等活动资源，博物馆、展览馆、纪念馆等事物资源，广播、电影、电视、网络等信息资源，还有看不见摸不着的思想、情感和经验资源。

以课程资源的分布情况来看，综合性学习的主题选择应该不是问题，但是，现实的状况是，很多教师在综合性学习教学中，利用得最多的却是教材中的有关资料，他们不善于开发课程资源，更谈不上引导学生自主开发课程资源。一些教师进行综合性学习活动时完全按照课本的设计，把课本奉为剧本，不做丝毫的改动。须知，综合性学习具有普适性，但是课本中综合性学习活动主题的设计并不具有普适性。例如人教版语文七年级上册"探索月球奥秘"一例。如果没有丰富的图书资源，没有先进的网络资源，没有得天独厚的地域条件，又如何能照搬教材的设计呢？语文综合性学习的开展依托教材，教师要善于利用教材中提供的具有开放性的范例，使师生在学习的过程中对学习内容或目标做相应的变通或完善。

此外，教材自身对综合性学习的设计并非全然完善合理，部分教材在综合性学习的设计方面不成熟。以人教版语文七年级上册第三单元为例，这个单元的主题是"感受自然"，由三个活动组成：①我有一个"朋友"；②走过四季；③心中的美景。教材只是要求学生任选其中的一个活动。"我有一个'朋友'"要求进行一次秋游，然后学生介绍一两个自然界的"朋友"；

"走过四季"要求学生选择喜欢的季节,向同学描述自己的感受,并写出该季节的独特景色;"心中的美景"要求学生想象心中的美景,并描述给同学听。这三个活动除了主题上相关外,没有内容上的联系,而且每个分活动的教学内容比较单一,对学生的训练与教育也比较单一,很难达到综合训练的目的。"感受自然"还有明显的为语文而设计场景的痕迹,每一个活动的导言就像上课时教师的导入语,直接指向训练内容,或者介绍自然界的事物,描写大自然的景色,学生在活动中感受不到活动本身的愉悦,难以激发学生的兴趣,因此很难进入活动之中,更没有一种因角色转换而带来的喜悦与求知欲。语文教育是为提高语文能力而学习语言,生活是为语文服务的,语文活动情境的虚假与做作,影响了学习语言的效果。

当然,不可否认,客观条件的缺乏导致了教师和学生的教与学都只限于课本。某些地区的乡镇社区、家庭教育资源匮乏,家长的文化程度相对不高,学生家庭缺乏书刊,没有电脑或有电脑家长也不让上网,缺乏学校教育和家庭教育的相互配合,也缺乏除了学校教育之外的一些获得知识的补充渠道;学校的图书陈旧或图书很少得到利用,有的学校甚至没有图书阅览室;学校所在的乡镇社区没有图书馆、展览馆等。学生接受信息的渠道狭小,仅仅停留在课本上,外界新的知识难以获得。这些也形成了开发课程资源的障碍。

学校所处的不同地域也决定了综合性学习开展的难易程度。但是,城市和农村在综合性学习资源方面是各有优势的。城市里的学生,可以方便地享有媒体资料、图书馆等学习资源,而农村学生却可以享有天然的课程资源,农村的大自然、风物人情等都含着取之不尽的学习资源。对经济相对落后和环境较差的学校来说,语文综合性学习的课程资源相对匮乏,这更需要教师善于开发和利用资源。如人教版语文八年级下册设置"到民间采风去"这个综合性学习活动,活动命题大、范围广。福建闽西地区的一位教师以本地"客家土楼文化"为主题的综合性学习活动,调查客家土楼形成的历史背景及变迁,客家土楼的结构、特点及功能,客家土楼的文化内涵,搜集客家土楼的名字、对联及与客家土楼有关的故事,学生完成作业,互相交流,效果非常理想。

综合性学习资源因地域、文化、学校和师生的不同而表现出具体差异性。开发和利用综合性学习资源就要注意因地适宜,力求体现其他地方的特色,不追求千篇一律。农村地区的综合性学习资源非常贫乏,因而综合性学习的开展远比城市来得艰难。外在的条件性资源方面,农村一般比城市差,但素材性资源方面却未必如此,像民俗风情、自然四季、家庭亲情、校园生活、农村社区、地方历史等,农村的资源甚至比城市来得丰富。语文课程标准中赋予教师根据实际情况灵活处理教材和自主开发课程资源的权利，教师就应该拓宽自己的课程视野，不断提高自己开发语文学习资源的能力，充分利用学校、社会和家庭的教育资源和教育环境，把学生的语文学习活动引向实践，增加学生语文学习过程中的灵活性和开放性。

学习反思：

1. 调查表明，大部分语文教师认同开展语文综合性学习有利于提升学生的语文素养，但在实际的教学中，却很少有人关注并实施综合性学习，在你看来，造成这一现象的最主要原因是什么？

2. 有学者调查发现：没时间，没胆量，没心情，没路径，这些是综合性学习的拦路虎。对此你认同吗？你觉得对你开展综合性学习构成最大障碍的是哪一个因素？

第三节　基于语文课程的综合性学习实施的基本策略

一、妥当开发课程资源

语文课程资源包括课堂教学资源和课外学习资源。语文课程标准从"课程资源"的角度提出"要有强烈的资源意识"，要"努力开发，积极利用"语文课程资源。语文课程标准的课程资源观认为，应主动建构与社会、世界、人生和日常生活的广泛联系，凡是现实生活中有的且适合语文课程的，都可以成为语文课程资源。语文作为母语教育课程，"学习资源和实践机会无处不在，无时不有"。

（一）充分发挥教材资源

教材是最重要的语文课程资源，是开发语文课程资源的出发点和归宿，是开展语文综合性学习最有利的凭借。课程资源分三个层面，一是知识层面，包括课文内容所含知识，文章表现形式方面的知识与相关背景知识。二是能力层面，包括听、说、读（理解、归纳、筛选、分析、推断、评价等）、写、思、做（手工的各种设计制作，网上资料的下载和编辑，实地的考察调研等）。三是情感层面，包括思想教育、哲理启迪、审美鉴赏、道德自律、创新意识等。活动资源或显或隐，一般集结在教材特点、教学重点与难点之处。研透了课标与文本的教学要求，才能挖掘出课程中可以合理利用的活动资源。

　　语文教材每一个教学单元都有综合性学习的活动资源，只是或多（集中）或少（分散），因文本而异罢了。语文教师要善于利用教材，基于语文教材开发课程资源，尽可能以教材为基点，充分挖掘课本中外显的、内隐的资源，构建辐射型综合性学习。例如，苏教版语文教材的大部分综合性学习内容的编排与单元主题或内容相关，其中七、八年级大部分的语文实践活动以及九年级的综合学习与探究都是以单元主题或内容统摄综合性学习内容的编排与选择。这种内容编选方式主要是围绕合成单元的主题，或者直接从单元课文中提取相关学习内容来设计综合性学习的内容，在对单元内容深入学习的基础上，设计与单元主题、内容相似的语文综合性学习，以综合性、实践性、开放性的言语实践来进一步加深对单元课文学习内容的理解，拓展语文课堂教学内容，使学生在言语实践中消化、吸收单元学习内容，并学会运用单元知识。因此，与这种综合性学习内容的编选方式相适应，其在结构上也基本采用了单元内合成的结构编排方式，将综合性学习放置在一个合成单元之内。如七年级上册第五单元的单元主题是"关注科学"，在单元后面安排了一次"模拟科技新闻发布会"的语文实践活动，要求学生举办一次科技新闻发布会，介绍国内外最新科技成果和自己的小实验、小发明，通过这个活动，使学生学会搜索信息、了解新闻知识，写好新闻稿，体验组织活动的程序，激发学生的探索精神、创造意识，丰富学生的科学知识。至于九年级的综合学习与探究则与合成单元内容有更直接的联系，它直接从本单元课文中提取有联系的素材，编写了五、六条探究题。如九年级上册第一单元，单元主题是"学会读书（吟哦讽诵而后得之）"，编选的课文是描写自然风光、赞颂自然的四篇文章，因此在综合学习与探究时则设计了诸如"在反复吟诵中体会各篇课文表达的思想感情"，"用不同的语气语调朗读课文"，"朗读下面语段，品味它们表达上的妙处"，"请你和同学合作写一组介绍家乡风景的文章"等练习题，具体的题目材料也都源于单元中的课文内容。综合学习与探究的内容这样编排，可以说是对整个单元学习的一个阶段性整合与梳理小结。

　　以人教版语文五年级下册的"走进信息世界"为例，这个单元出现了两次"活动建议"提示，从学习者的角度出发，依据综合性学习的特点和儿童的年龄特点，并针对各个地区的实际差异提出了多种学习方法，意在让教师依据实际情况选择。如，第一板块的"活动建议"中就提出做一次调查，记录全家人在一天中从哪些渠道获取了哪些信息，从中能发现什么。还特意指出，可通过其他活动体会信息传播给人们带来的好处。第二个板块则提出四项活动建议。细心揣摩，不难看到编者的这一编写意图。在这里，其实暗含了"怎样写研究报告"的方法：第一步，确定话题；第二步，获取资料；第三步，分析材料，形成观点；第四步，仿照样本，撰写报告。

这一单元呈现了两组阅读材料，第一组安排在"信息传递改变着我们的生活"这一板块中，在第二组"利用信息，写简单的研究报告"这一板块中，阅读材料是两篇简单的研究报告，包括《奇怪的东南风——关于爸爸咳嗽病因的研究报告》和《关于李姓的历史和现状的研究报告》。其中，《奇怪的东南风——关于爸爸咳嗽病因的研究报告》记录了一次问题研究的过程，从这个材料中，我们可以学到怎样做简单的科学研究，学习通过寻找规律，发现事物之间的因果联系，从而对症下药，找出解决问题的办法。《关于李姓的历史和现状的研究报告》是一篇比较正规的研究报告，以这篇研究报告为范本，学生比较容易学写简单的研究报告。这组阅读材料的目的在于通过给学生提供研究报告的样本，使学生了解研究报告的基本特点，并尝试着自己写简单的研究报告。在这里，《奇怪的东南风——关于爸爸咳嗽病因的研究报告》和《关于李姓的历史和现状的研究报告》等阅读材料的功能在于使学生学会"怎样写"，它关注的重心是文章的"形式"，而不是"内容"，类似于以往教材中"习作例文"的功能。如，阅读《关于李姓的历史和现状的研究报告》，重点不是让学生学习李姓方面的知识，而是要引导学生关注研究报告写法方面的知识。比如：获取信息的渠道有哪些；搜集到的信息如何处理；筛选信息的标准是哪些；这篇研究报告的基本特点是什么；这篇研究报告包含了哪些方面的内容。

教师要善于利用这组材料，引导学生阅读这两篇阅读材料，了解这两篇研究报告主要研究的是什么问题，又是怎么解决问题的。并且，阅读研究报告《关于李姓的历史和现状的研究报告》，明白搜集到的信息要按照不同方面进行分类；对搜集到的信息还要进行筛选，根据需要有所取舍。

教师要凭借教材文本的内容特点来设计综合性学习，还要根据教材内容充分挖掘、延伸、整合出综合性学习的资源。以"戏曲大舞台"活动为例。现在的初中生平时很少会主动听各类戏曲，接触最多的往往是流行音乐，对于地区有代表性的戏曲缺少主动性关注，教师可以把主题改为"介绍家乡最具代表性的文艺表演形式"，甚至可以开发当地的社区文化资源与家长资源，那师生就有丰富的课程资源了。广东地区的代表戏剧粤剧，湛江地区的地方戏剧雷剧，年节时分的傩舞等，都是极具地方文化的成分。如果以它们为对象开展活动，学生就有话可说、有感可发、有情可行了。

课例 4-2

气象物候专题教学

资料来源：郭玲玉. 巧妙开发教材专题中的教学资源［J］. 新作文·中学作文教学研究，2016（10）.

1. 向学生推荐几本相关的书，学生选读并写好读后感

以小组为单位做成 PPT，在班级内交流。（推荐的书有苇岸的《大地上的事情》、韩光智的《跟着太阳走一年——江南节气文化随笔》、周华诚的《西湖时光：遇见二十四节气》等）

2. 摄影作品的描绘或赏析

推荐摄影师青简的二十四节气的摄影作品，要求学生自选一幅摄影作品进行描绘或写一段鉴赏性文字。

3. 古诗词赏析与仿写

教师提供资料《古诗词的二十四节气》，让学生自选一首古诗词，从内容或手法角度进行赏析，写一篇鉴赏性的小文章，并选一个节气，仿写诗词一首，平仄不作要求。

4. 与命题作文进行勾联

要求学生选择自己的一篇习作添加有关节气的描写，或自创一篇涉及节气的作文，节气描写要为主题服务。

（二）迁移课外资源

综合性学习具有开放性的特点，突破了课堂的限制，也突破了学科的限制。语文学科具有鲜明的综合性，与其他学科有着千丝万缕的联系。因此，教师在引导学生确立语文综合性学习的主题时，必须打破僵化的学科框架，软化学科边缘，让学生从语文学科与其他学科的联系中发现语文综合性学习的主题。例如，在教学描写"春天"的课文时，可以在语文学科与美术、音乐学科之间建立横向联系，围绕"感受春天"这个主题，让学生吟诵描写春天的诗文，描绘春天的画卷，歌唱赞美春天的歌曲，促进学生语文综合素养的提高。

Dartmoor 活动与 Dartmoor 专辑
——集语言能力、文化知识、野外生存、科普测量等为一体的综合性教育活动

资料来源：舒伟. 英国基础教育富有特色的教学活动[J]. 外国教育研究，2000 (1)：48-51.

闻名遐迩的 Dartmoor 草原沼地位于英格兰西南部，方圆近百公里，带有浓厚的英格兰乡间特色；其中既有郁郁青青、满目翠绿的树木、植被，也有无数暗淡低矮的沼地丛林，更有那淡绿色的令人生畏的大泥潭以及神秘莫测的奇岩怪石……小说家柯南·道尔以此为背景创作了流传甚广的福尔摩斯探案故事《魔犬》，更给此地增添了几分神秘的色彩。早春时节，孩子所在学校的六年级决定在 Dartmoor 进行一次活动。这天一早，该年级全体同学乘车进入该地区某一指定地点，然后师生们被分为若干小组，每组 5~6 人，配一张地图，任务是从不同方向寻找图上标示的目的地。每组有一名教师，但这位教师只负责安全保障，至于怎么走，往哪走全由学生决定。半个多小时后各小组陆续到达了目的地。在这段时间里，大家学会了看地图识方向，从分辨地图上的村庄、河流、草场和大小道路，到根据自然环境提供的各种特征、条件辨认方向，大有收获。各小组汇集之后，第二个活动便开始了：观察四周的地形地貌，测量各种植物的生长情况，并一一登记在各自的本子上。随后同学们在远处对面山顶上的一处巨石废墟那里进行观察并进行随意的想象。接下来，同学们一起冲上山顶，任务是寻找石头废墟里非常独特的石块，结果同学们找到的石块有的刻有文字，有的留有凿痕凹印，原来这里曾经是很久以前人们建造的一所石房。这一切都给同学们留下了很深的印象。

下午进行的第一个活动是，各小组到周围三公里的地域寻找事先藏好的装有印章的盒子。这时给每人发一份英语文字材料，上面简要地介绍了藏盒子的所在方位、地貌特征等。各组同学互相协作，首先读懂文字内容，确定方向、路线，然后根据描述的特征去找出盒子，找出最多盒子的小组便是优胜组。同学们在竞争意识的激励下，积极阅读，快速阅读，在寻找的过程中又不断地验证阅读中的误差，收获很大。接下来的活动是通过桔子的漂流来测量河水的流速。各小组进行分工，有的在上游，有的在下游；上游按时漂放干桔，下游认真辨识本组的干桔，然后记录漂流时间。大家有条不紊，俨然是一个个科学测量小组。整整一天，同学们情绪饱满，心情高兴地参与每一项活动，动脑、动手、动腿，有个人思考，更有群体合作。

回校后的两周内，同学们又进行了综合整理和后期写作活动。很快每个同学都拿出了一本自己的 Dartmoor 活动专辑，有封面封底，还有目录，尽管看上去有些稚气，但内容丰富，图文并茂，体裁多样，各有千秋，无论文字还是图画都鲜明生动，可以看作是一本 Dartmoor 地理风情文化资料集，其中主要内容有：

- Dartmoor 沼地的地图，用特殊颜色标记标出的房屋、河流、丛林和道路、本小组的出发点及行走路线。
- 对一种常见的草原或沼地植物的描写，包括植物生长的自然环境和该植物的外部特征。
- 对某一些地点观察到的各种自然现象的描写。
- 对本小组寻找印章盒过程的叙述。
- 一篇测量水流的报告，包括活动的目的、使用的工具、具体操作手段、最后测量结果，通过手工制作用各色布块剪贴出来的沼地植物。
- 一封感谢信，属应用文写作，感谢组织这次活动的几位教师。
- 一篇虚构故事，以沼地的古老传说为背景，想象自己迷了路不得不独自寻路回家的历险故事。（这项活动无疑启发了孩子们的想象力和创造力，各种奇思异想构成了各种奇妙多彩的故事。我儿子也一口气写出三大篇英文文章，并配上图画，讲述他在神秘的沼地里的奇遇）

从语言材料讲，新鲜、活泼的大众化语言，集会、广播、布告所使用的语言，校园里的标语牌、宣传栏、墙报以及运动会、艺术节等活动所使用的语言，电影电视、标语广告、商店匾额、商品说明书、企业公司招牌、报纸刊物、互联网所使用的语言都在搜集咀嚼之列，文章诗赋、成语、格言、对联、谜语、俗语、谚语等更是宝贵的语料。从学习途径讲，工具书、文学作品、报纸杂志、采访笔记、其他学科的教科书，磁带、唱碟、录像资料、影视作品、戏曲表演、摄影作品、读书沙龙，中外名人经验、风景名胜、神话传说、民间故事、民风民俗、佛教、音乐、绘画、书法、雕刻，家庭、社区、书店、图书馆、互联网、电视机、收音机等均可以成为语文课程的资源。大自然中的一些有趣现象、日常生活中的一些感兴趣的事物、身边议论的一些话题等都可以作为综合性学习的资源，让学生在生活中感受生活内涵、认识生活现象、学会生活本领，使他们成为生活世界的主人。教师促进学生在生活中认识语文现象、学习语文知识、形成语文能力，使他们成为语文学习的主人。例如，环境资源是我国乃至全世界的教育热点，教师不妨指导学生结合当地的环境问题，通过观察、采访、写调查报告、专题研究、参与管理等方式，获得第一手关于环境的资料，让学生感受环境与生活、环境与人类、环境与地球生态平衡的关系。诸如，"长江水污染的调查""全球气候变暖的原因""垦荒与水灾的关系"等都可开发为综合性学习的资源。

应当注意的是，课外资源的迁移要把握课外资源与课内活动资源的联系，确定活动的价值取向与方式方法。例如，人教版语文八年级上册第二单元的文章主人翁或者是保姆（《阿长与〈山海经〉》），或者是老农（《台阶》），或者是车夫（《老王》）……他们都是卑微的小人物，但在这些小人物的身上却闪烁着人性的光芒，字里行间充溢着作家们的人文关怀。这就是一个很好的迁移点，可以迁出许许多多平凡而又伟大的普通人，是对学生进行人文教育的好机会。可以将本单元的综合性学习主题定位在"关爱弱势群体"上，力求将情感熏陶和人文关怀教育融会在一起。某教师的设计是：在课堂上给学生朗读相关的文章，展示贫困地区孩子上学困难的图片，爱心人士对他们进行资助。学生课外对社会上的"小人物"做采访，或与贫困山区的孩子通信……从"关爱社会上的弱者"到"关爱我们的同龄人"，层层深入，最后落到"让世界充满爱"这个大主题上。

（三）突出师生资源

师生资源是指在课堂教学中，被教师作为资源充分关注并进行开发利用的，有效地促进了学习活动的，源于师生的知识、技能、经验、活动方式与方法、情感态度和价值观等的资源。师生既是课程资源的开发主体，又是课程资源开发的对象。师生资源无处不在，而且是独一无二、无法取代的教学资源。师生自身已有的知识水平、情感经验、思想意识、兴趣爱好和社会生活都是课程活动中最基本的资源，这是基础性师生资源。学生和教师在学习过程中所利用和开发的资源将构成资源的再创造，这是生成性师生资源。每个人的生活经历、阅读积累、情感个性气质以及智能类型都是千差万别的，并且随着时间的推移在不断地变化和生长，这些是综合性学习取之不尽的资源。

鉴于教师在教学中的主导作用，语文教师在具体的教学实践中，只有将自身的课程资源有效地转化成为较有价值、影响较大的教学资源，才能真正体现出作为语文教师储备性资源的自身课程资源的价值所在。所以，语文教师开发利用自身课程资源的关键环节，就是善于将自身的课程资源有效地转化为具体的教学资源，这也是语文教师开发利用自身课程资源的具体体现。

在语文教学中，首先，教师要以教材为依托，拓展课堂教学的空间，引导学生确立探究的主题。其次，要善待学生提出的各种疑问，引导学生从这些疑问中发现具有探究价值的主题。例如，某教师在教《麻雀》一课时，学生提出了这样的问题:"老师,是不是所有的动物在自己的孩子遇到危险的时候都会不顾一切地救孩子呢?"顿时,教室里议论纷纷,争论不休。于是教师抓住这个契机,引导学生确定了"动物妈妈和孩子"的探究主题。又如,某教师讲授《只有一个地球》一课时,一位学生对课文中"只有一个地球,如果它被破坏了,我们别无去处"这句话提出了质疑:"在茫茫宇宙中,难道真的没有其他适合人类居住的星球吗?"教师紧紧抓住这个学生感兴趣的问题,引导学生确定"宇宙中真的没有其他适合人类居住的星球吗"这一探究主题。

课例 4-4

一位教师在教《江畔独步寻花》时,事先设定的程序是:读诗题,了解背景;读诗句,弄清内容;想诗境,体会感情;颂诗篇,赏析特色。可刚一上课,便有一位学生站起来发问:"诗中的'花'是什么花?"其余学生也兴致勃勃地追问,一时间教室里议论纷纷,好不热闹。到底该怎么办呢?教师经过短暂的分析,意识到:这是一个普遍关注的问题,不解决这个问题下面的课不好进行。何不巧借这个时机,进行一次自主合作探究学习?于是这位教师果断地抛开预设的教案,让学生讨论这个问题。当学生给出"五彩"的答案后,教师又根据学生的需要,将学生分组,一组为诗配画,一组改写,一组到网络室搜集相关资料,一组到班级小书库查找资料,一组到花园观察。最后,学生不仅深刻地体会了诗歌内容,而且,还有许多意想不到的收获。

基于教师对综合性学习的引导作用,教师必须突出对读写听说能力的综合训练活动的研发。综合性学习的过程从本质上讲是语文的实践过程。尽管跨学科学习是语文综合性学习的基本特征,但语言学习在任何时候都应是语文综合性学习的核心,任何模式的语文综合性学习都应当立足于语言实践。学生对语言文字的准确理解和娴熟运用是语文综合性学习的根本命脉。综合性学习强调以语言活动为中心,这就要求为学生创设丰富的语言环境。这里的"丰富"有两层的含义:其一,指语言活动的频繁。综合性学习的任何一种模式中,自始至终都应当充满语言活动,有效地倾听、说话、阅读、写作,是基于语文课程结构综合性学习活动的基本因素;其二,指听说读写语言活动的综合运用。

课例 4-5

《故都的秋》延伸阅读活动

某教师让学生回忆、查找、搜索描写秋的名句,并展示交流各自的成果。学生通过回忆、到图书馆查找资料或网上搜索等方法完成了延伸阅读。这一活动设计以教材内容为基础和引子,有效整合与之相关的资料,注意引导学生对自身原有知识资源的钩沉,对校图书馆资源、网络资源的利用,对文本资源的充分挖掘,激发了学生的课程资源。

在综合性学习中,活动目标指向始终是语文,发展学生语言智能始终是语文综合性学习的核心任务。通过语文知识的综合运用,通过听说读写能力的整体发展,通过语文课程与其他课程的横向沟通,通过书本学习与实践活动的紧密结合,保证学生在每一次综合性学习中都能得到语文方面的收获,取得一个或几个方面的成效。小组或个人的探究主要是通过对搜集得来的材料进行分析和研究,提出小组或个人所承担的研究任务的研究成果。研究成果包括以下几种。

①精选与小组或个人所承担任务内容一致的文章、诗词、名言、警句、楹联。
②遴选与小组或个人所承担任务相照应的图片、实物,并配以文字说明。
③制作反映小组或个人出色完成所承担任务的图文并茂的手抄报。
④写出小组或个人所承担任务的人物故事、人物简介或山川风物介绍。
⑤模拟表演小组或个人所承担的采访任务的某一片断。
⑥整理出语文或其他课程中与小组或个人所承担的任务相关联的成果。
⑦就某一实物或图片或山川风物写出与小组或个人所承担任务相匹配的解说词。
⑧就小组或个人所承担任务的某一方面写出创新点。
⑨就小组或个人所承担的任务中的某一问题写出辩论发言稿。
⑩写出小组或个人所承担任务的探究小结。

突出教师资源,是对教师个人爱好和特长的积极发挥。很多语文教师都会有自己的爱好特长,而且有的语文教师的爱好特长还很突出,具有很鲜明的个性,如爱好书法、说话风趣幽默等。语文教师有爱好特长本是一件好事,但很多语文教师却不懂得充分利用自己的爱好和所具有的特长的优势,使之发挥应有的作用,这实在是一种资源的浪费。

突出教师资源,要注意教师个人取向符合社会规范要求。语文教师作为课程资源，具有明显的个性。教师个人的思考与认识、爱好与特长及价值观念等是重要的课程资源，表达着教师的个人取向，对学生的成长会产生较大影响。

（四）挖掘地方特色资源

因为地域、学校和师生等因素的不同，综合性学习资源表现出差异性的特点。《义务教育语文课程标准（2011年版）》在"实施建议"中指出："各地都蕴含着多种语文课程资源。学校要有强烈的资源意识，认真分析本地和本校的特点，充分利用已有的资源，积极开发潜在的资源"，"语文教师应高度重视课程资源的开发与利用，创造性地开展各类活动，增强学生在各种场合学语文、用语文的意识，通过多种途径提高学生的语文素养"。教师在引导学生开发语文综合性学习资源时，应该因地制宜，以教材为基础，根据地方资源特色，充分开发地方的自然生态和文化生态资源，包括乡土地理、民风民俗、传统文化和生活经验等，进行学习资源的二次开发。

地方特色资源内容庞杂、形式各异，这些资源仅仅是潜在的、可能的课程资源，必须经过鉴别、有效筛选后才有可能进入语文课程。教师在综合性学习中运用的应该是地方特色资源中优秀的、精华的成分，这些才是我们要继承、学习和借鉴的，而决不能眉毛胡子一把抓。因此，在综合性学习中开发地方特色资源并不是随意的，应遵循以下几个基本原则。

（1）适用性原则。语文教师应当认真钻研综合性学习课程目标，根据各单元综合性学习活动目标的要求以及活动实际需要，搜集筛选恰当的地方资源进行有机渗透。渗透的内容要遵循由近到远、由简到繁、由具体到抽象的科学认识规律，要考虑学生的年龄特点和自身认识水平。尽量选择那些潜藏语文学习价值的地方文化资源，特别要注意所选择的地方课程资源在价值取向、目标功能等方面与课程标准保持步调一致，在价值取向上选择有益于拓宽学生语言文字实际运用能力的地方资源，为学生将来的生存与发展做全面考虑，让学生对渗透的内容产生兴趣，使学生对家乡的历史风貌和发展前景有一个较为全面的了解，丰富学生的乡土文化文史知识。

（2）因地制宜原则。我国幅员辽阔，各地各学校在区域特点、师资力量、经济能力、学生文化背景等方面差异很大。因此，地方课程资源的开发与利用要从实际出发，因地制宜，根据本地区、本学校的实际条件有目的地选择，所开发、利用的课程资源与其他教育内容相互协调配合。如城区学校进行"上班族业余健身运动状况调查""居民小区里饲养宠物狗的利与弊"等具有明显城市特征的活动，如果农村学校也照着做，那无疑是隔靴搔痒，纸上谈兵，收获寥寥。因为这样的综合性学习没有建立与地方资源的紧密联系，远离学生的生活天地。同时，地方特色课程资源应该充分体现当地地方特色与其自身的独特价值，其中，文化精神和乡土知识文脉的传承应是渗透的重点。

一般而言，地方特色资源可以从以下途径开发。

①古建筑、老物件文化。每一个地方都有自己的历史、风俗传统，也有自己独特的人文艺术景观。古建筑、老物件，蕴含着深厚的历史，诉说着千年文化，是语文教学课程资源颇为难得的宝贵源泉，教师可以带着学生直接走入生活，把课堂开设在家乡的老屋古路边，在里弄街巷间完成教学任务。

②饮食文化。饮食习俗所表现出来的饮食文化是地域文化的重要特色内容之一。小吃就像地方戏曲，是一个最具有民间气象的象征，保存着普通人对生活的乐趣与想象力的印记。

③乡里人文化。当地名人、社区长者、街头巷尾的普通人、社区管理者、博物馆或天文馆专业人员、当地有关戏曲研究人员、剧团专业人士和戏曲爱好者、健在的革命老人等都可以纳入学生的综合性学习素材。

④访祖系列。中华民族的寻根认祖意识非常强烈，南方农村大多都是以姓氏家族聚落成村的，农村的家族祠堂及族谱保存得都相对完好，族谱里保存了相当丰富的史料和文化，这给相关综合性学习活动的开展奠定了一定的基础。学生可以通过采访老人、查阅族谱、搜集民间传说等方式开展调查活动，了解族谱文化所包含的深厚的历史文化价值。

⑤民俗风物系列。教师可以让学生搜集家乡有特色的风俗礼仪，如节日的庆贺、婚丧的仪式等，记录家乡的传说故事，介绍家乡的特产或风景。专题系列活动可以适当超越教材，因地制宜地引入有利于语文教学的当地乡土资源，激活语文综合性学习的内容。

⑥山水自然资源文化。秀美山川、晨昏变换、田间农事、珍禽名兽、风土水文、四季物候等，经过适当开发利用，均可成为综合性学习非常好的探究主题，为综合性学习提供丰富的课程资源。在此基础上，还可开展诸如自然物候变化规律的探究、山水资源的保护及合理开发与建设、矿产资源的合理开发和环境保护、生物资源的种类调查及保护、人与自然和谐共存等方面的综合性学习。

俗语说：本地姜不辣。很多学生对丰富的地方文化不一定了解或没有很好地去关注。教师应当注重挖掘地域文化中的语文性进行综合性学习的活动设计。如：苏教版语文教科书八年级上册有一个"汉字"的专题，这个主题可以涉及方方面面的内容，但如何结合地区人文资源突显语文味并且调动学生的学习兴趣呢？教师不妨将它改为"家乡的方言"活动主题，因为汉字和方言都是属于语言系统，而且方言更能贴近地区文化。学生通过查阅资料、与家里的长辈谈话等方式了解本地语言在语音、语法、词汇方面的特点,并且搜集本地的俗语及歇后语,有利于提高学生的语言表达能力,提高学生对语言的语用性的认识。

《菊香悠悠》语文综合性学习教学设计

资料来源:都锦梅.《菊香悠悠》语文综合性学习教学设计 [J]. 教学与管理, 2007(14):52-54.

▶设计背景

桐乡——浙北平原上一颗璀璨的明珠。这一方水乡沃土,孕育了数千年的文明,留下了众多的文化遗产和人文景观。尤其是秋天那一派田野菊海风光,更使这方沃土增添了迷人风采。近几年来,桐乡人以花办节,以节招商,吸引着络绎不绝的四方宾客,每位来此的游客都会为这一百花之地所陶醉。为了让菊乡小主人了解家乡的菊文化,笔者曾两度以杭白菊为题材开展综合性学习活动,取得了较好的效果。

▶活动一:菊乡少年多自豪

一、赏菊

(1)谈话揭题:同学们,我们家乡有一处景观被列入了吉尼斯世界纪录,我们知道是什么吗?(田野菊海)下面让我们去领略一番田野菊海的风姿吧!(放映田野菊海录像)

(2)观赏田野菊海,用一句话或一个词谈谈感受,并尝试拟课题。

二、知菊

导:同学们,作为菊乡少年,你们对杭白菊的了解有多少呢?

(1)进入"崇福镇小杭白菊论坛"。

(2)分专题汇报,并说明资料来源。(各组推选一名代表上台说)

菊名由来　菊仙故事　菊花功用　形态习性　栽培知识　菊花产品　制作工序

除此之外,你们还知道杭白菊的哪些知识呢?(自由说)

三、赞菊

导:在秋风送爽、白菊飘香的季节,中国杭白菊之乡——桐乡市将迎来第七届中国桐乡菊花节。这是市民的节日,是世代种菊人的节日,更是那一片"百花地面"的节日。

(1)讨论:哪些方法或途径可以提高杭白菊的知名度呢?

同学们,作为菊乡少年,我们有责任为扩大桐乡杭白菊事业的发展献计

献策。那么，你们觉得可以通过哪些方法或途径来提高杭白菊的知名度呢？（学生畅谈）

（2）为扩大桐乡杭白菊的知名度献计献策。（自由选择一种，可以合作完成，也可以个人完成）

提示：

①广告设计师：设计广告词，宣传菊花产品或田野菊海。

②菊花博士：研究开发菊花新产品，并说明设计意图。

③菊花节总策划：安排菊花节系列活动。

四、学菊

导：杭白菊不仅具有欣赏价值、实用价值，它还有一种精神价值，你们知道是什么吗？（坚强：傲霜开放；无私：在生命最灿烂的时候被人采下……）

古往今来，关于"菊花"的咏颂难以计数，给这片盛产菊花的土地留下了宝贵的文化遗产。

（1）古今菊花诗赏析。（除了这两首菊花诗，你们还知道哪些？能背给大家听吗？）

（2）课外作业：以"菊"为主题，创作一首儿童诗。

▶**活动二：我是菊乡小导游**

一、激情导入

桐乡特产多又多，最美要数杭白菊。作为菊乡小主人，如果有客人到我们家乡来，我们该怎么做呢？

像这样带领客人参观，并给他们介绍相关知识的人，我们叫他们什么？（导游）好，那咱们今天就来学当"菊乡小导游"。（分发导游证）

二、"菊乡小导游"前期准备

（1）为旅行社命名。既然有导游，那就得有旅行社呀！来，咱们把自己的小组设想成一个旅行社，每人给自己的"旅行社"取个名字，再比一比，谁取的名字最好听又最有意思，就写在导游旗上。（学生活动——汇报，评价：哪个名字好？为什么？请取名取得好的"旅行社"说说为什么取这个名字）

（2）策划"菊乡一日游"行程安排。

①到咱们菊乡游玩，有四个地方值得一去，（出示站点图：石门田野菊海、梧桐菊花仙子像、同福春发杭白菊加工厂、农家晒场）那你们看看怎么安排行程比较合理呢？

②交流、比较行程安排：（师生对话）怎么安排的？有没有跟他们不一样的？我也不知道哪个安排合理，你们能帮我比较比较吗？（说说安排理由）

③策划导游词。同学们,我们每到一个地方游玩,除了看风景,最好能长点知识。那我们来想想,在带领游客参观的过程中,咱们可以为游客介绍点什么呢?

随机抽取学生上台说。(下面同学可以提问,可以补充。如果你是游客,你会问些什么?如果你是导游,你会怎么补充?)

三、模拟导游

老师发现咱们的小导游真能干,能介绍那么多杭白菊的知识,下面咱们要带领游客参观了。这样,每个"旅行社"推选一位最能说的导游。

请导游们起立,戴上导游证,手执小红旗,再请导游们说说,怎样才能成为优秀导游。

(优秀导游——声音响亮口齿清,热情大方有礼貌)

好,下面就由同学扮演游客,也请你们想想,怎样才算是文明游客?

(文明游客——友好守序讲卫生,多听多问长见识)

好,请导游们带着游客按策划好的行程去参观吧!(提醒可以离开座位,稍微走动一下)

展示:(抽两人)随机抽取学生上台扮导游,其他学生扮演游客,听完后评一评,对这位导游是否满意。

(如果满意就对他说几句鼓励的话,如果不满意就给他提提建议,导游做出回应)

四、活动结束(播放田野菊海录像)

同学们,通过今天的活动,我们体验到了做导游的快乐,也体验到了做导游的不容易。今年的11月份,我们桐乡将举办第八届菊花节(示图),我希望你们届时能大显身手。我相信,我们菊花之乡将因为你们的出现而变得更加美丽多彩,我们的杭白菊也将因为你们的介绍而名扬天下!

▶ 评析

这两个活动设计正是顺应新课程的理念,充分利用乡土资源——桐乡杭白菊,引领学生展开一系列的语文综合性实践活动,从而使学生感受家乡田野菊海的美丽,了解桐乡的菊文化,感悟菊花精神,培养热爱家乡的情感,并且通过"为扩大家乡杭白菊知名度献计献策""学做菊乡小导游"等活动,培养学生主动探究、积极创新的能力以及口语交际能力。

二、妥善处理教师指导与学生自主的关系

综合性学习是面向全体学生提出的一种全新的学习方式,这一学习方式突出学生的主体地位,有明显的自主性。但必须明确的是,综合性学习强调自主性，并非舍弃教师的指导作用。综合性学习应该特别强调教师适时的、必要的、有效的指导和学生自主的、积极的、自觉的参与。

（一）情境化组织

教师的情境化组织指的是教师创设适当的生活情境或活动场景，以此引导学生自觉进入活动角色。综合性学习的主题内容需要借助一定的情景，才能变得形象生动、激趣益智，更好地承载语言文字的学习。情景创设包括将综合性学习主题嵌入特定的由生活场景、图形符号和文字材料等构筑的童话、寓言、游戏故事情节之中，设计各种人物形象以及动植物、山水自然、虫鱼鸟兽等拟人化的角色形象，便于学生在虚拟情景、文字描述、符号提示和想象空间中开展语文综合性学习活动。教师借助真实情境（学校、家庭、社会生活的各种真实情境）、虚拟情境（运用现代化的信息技术创设的情境）、想象情境（学习者头脑中想象出来的情境），打破学科课程与社会生活之间的隔阂，让学生将自然环境、社会环境、学生生活的相关知识和能力整合在一起，提高自己的语言实践能力。

目前，国内语文教材中的综合性学习活动不太关注活动情境的营造，不少活动几乎没有情境，只是一些与专题有关的知识信息的收集，比如"探索月球奥秘"，只是要求观察月亮的运行，搜集有关月亮的故事、诗歌等。一般来说，知识层面（陈述性知识）的，鉴于学生兴趣点低的现状，可以设计竞答性比赛活动，借助竞争激发他们读的兴趣。程序性知识的探索难度稍大，设计活动时要因文体和内容而定，对于哲理性的可进行辩论、讲座等活动；对于文学性的可开展分角色诵读及编演课本剧等活动；对于文化学术性的可以进行小论文写作等探究性活动；对于应试性的读写则选择操练活动；对于鉴赏艺术美的可采用影视方式，将多媒体的声像魅力引入课堂活动；对于信息类的，自然是借助互联网，实施网络互动活动。这些活动方式固然有可取之处，但是语文综合性学习的组织并不能以活动方式多样化或融合了多种言语技能的训练为标准，还必须注意这些活动应当被设置于一个真实的或虚拟真实的情境之中。当学生被真实的任务所驱使，才构成了语用的可能条件，否则，再多的活动形式、再充分的活动也只是机械的知识操练而已。

国外语文教材经常有意识地模拟设计一些实际生活中存在的情境（不是那种表演性的场景），这一点特别值得我们借鉴。例如英国《牛津英语教程》（A部）第1册第4单元的"荒岛探险"，教材的导言一开始就把学生引入设想的生活情境中，完全看不到教的意图，是特设的情境，唤起了学生探索的欲望和兴趣，使他们积极而自觉地走进特定的情境。之后教材编写者又提供了岛屿、旅伴、岛上生存环境、生活装备等图文资料，增强了情境的真实性，学生随着活动的步步深入而沉浸其中，在完成每一个活动任务时，学生总是自己思考、比较、探寻、想办法解决问题。整个活动始终伴随着语文技能的训练，如筛选并加工处理信息、学习介绍人物、学习写作生活日记、学习阐述观点、学习扮演不同角色进行对话，等等，各种语文活动都贯穿于设想的生活情境之中，丝毫没有为学习而学习的痕迹，这使学生没有丝毫的学习强迫感，一切都在问题的解决过程中完成。情境化方式给学生提供了真实的生活空间，让学生面对的就是一些生活本身的具体问题，这样，更有利于学生在活动、实践中获取直接经验，帮助学生应用自己已有的知识去解决现有的问题，并通过问题的解决得到新的体验，建构新的问题解决知识体系与能力结构。这种情境化实施方式切实保证了语文综合性学习实践功能的实现。

课例 4-7

英国综合性学习课题

资料来源：余虹. 中英语文教材关于综合性学习的比较研究：以《牛津英语教程》的"荒岛探险"与人教版的"感受自然"为例［J］. 语文建设，2009（11）：11-16.

▶ **专题**：我们在岛上的生活

▶ **内容**：开发荒岛求生存

"热烈祝贺！你被选为'荒岛生活小组'成员之一。你将和旅伴们在一个无人居住的荒岛上生活一个月，以显示年轻人多么机智、勇敢，多么能适应环境。你决定进行一次探险并描述在荒岛上遇到的各种情况。"

教材介绍了勃林岛、克劳维斯岛和阿波埃岛三个岛屿的基本信息，介绍了旅伴们的基本信息。

▶ **训练内容**

（1）在我的岛上：仔细研究提供的信息。根据岛上条件和你们的条件来决定小组应选哪一个岛。写一段简短文字，说明你选择该岛的理由。想一想你选的岛上的情形，使用已提供信息，画图说明主要特点。

（2）旅行伙伴：除上面提到的五人外，你再选两人作为同去小岛的同伴。现在你要做的是：作为"荒岛生活小组"成员描述他们的长、短处；描述选这两人的理由；按上述成员介绍的方法，归纳一下自己的长处和不足。

（3）配置装备：上岛前选择六种必需品和两种奢侈品，提供的物品足够小组用。说明你选的六种必需品、两种奢侈品是什么，为什么选它们，每个小组成员必须准备一个日记本，用来记下他们的经历及他们的感受。现在是上岛前一天，你知道了谁是你的同伴，知道带哪些装备，知道岛上很多情况，写下了日记始篇，描述你准备去岛上的感受。现在再写一篇日记，描写上岛时发生了什么情况，你和其他成员上岛时的感受，尤其是当载你们上岛的船只渐渐远去，直至消失不见时你的感受。

（4）在岛上生活：思考小组成员在岛上生存必须做什么事，列出必须做的重要事情的明细表，排出主次顺序，把最重要的放在表格的上面，次要的放在表格的下面；列出做好每一件事情和解决每一个问题的途径和方法；思考在岛上第一天生活的实际情况，并完整地写在日记里。

（5）问题：选择 1~4 幅图，按角色表演出全部对话；按照你表演过的一幅图画，在卡片上写出它的表演脚本；观察你选择的四幅图，逐一思考并判断人们面对的问题是什么，并写出对每幅图所提示问题的说明和解决方法；选一幅图，设想你置身其中，而后写出这一天的日记。

▶ 评析

从这一专题设计可以看出，学生的读、写、思维的训练巧妙地设置在这个活动的过程之中。首先，活动设置了阅读训练，要阅读选择伙伴和选择小岛的文字材料，才能做出判断；其次，包括了思维训练，如："根据荒岛的有利、不利条件和伙伴情况再决定小组应该选择哪个岛屿"，"归纳自己的长处与不足"；再次，包括了写作训练，如"写一段简短文字，说明你选择该岛的理由""写下日记始篇，描述你准备去岛上的感受"；最后，还包括了说的训练，如："说明你在岛上选的六种必需品是什么，为什么选它们；两种奢侈品是什么，为什么选它们"。此外还包括了对提取信息、整合学习信息能力的培养。

情境化组织首先要有明确的活动目的，学生明白为什么活动；其次是设置或创设特定的情境，保证学生在一定条件下展开活动；最后，学生具备实施的策略，教师指导活动实施的相关方法。其中，设置或创设特定的情境是教师主导作用的充分发挥。

教师设置或创设特定情境的策略包括：

第一，改进教材主题设计，创设真实情境。以"说不尽的桥"活动设计为例。湛江地处广东粤西，河道较少，桥的数量自然也不多。若以"说不尽的桥"为主题开展活动，估计学生多半是从互联网搜索并下载各式各样桥的图片，小组欣赏交流一番便完成了学习，这样也就失去了活动开展的意义。教师不妨改进教材主题设计，如果把主题改为"说说家乡最具代表性的建筑"，这样当地的学生就能根据家乡的实际情况来开展活动了。湛江地区的骑楼、法式风情建筑、老街老巷，等等，都是当地颇具代表性的建筑。教师可以带领学生在赤坎或霞山地区实地参观，边走边收集建筑、碑刻以及树木背后的历史故事。通过活动的开展，可以使学生更加全面地了解地方文化内涵。

第二，建立教材与情境的联系，创设虚拟的微情境。所谓微情境，是指在活动中，通过创设一个模拟的微小社会生活场景或片段引发学生解决问题的可能。没有情境，便没有体验；没有体验，外在的知识就不能化为一种内在的经验，化为自己人生经历的一部分。

课例 4-8

新闻活动小试

资料来源：喻娟. 中英初中语文教材综合性学习的比较研究：以《牛津英语教程》"新闻活动小试"和人教版"关注我们的社区"为例［D］. 成都：四川师范大学，2014.

▶ 创设虚拟微情境

两个主持人出场，他们身后的背景是一间即将出售的旧报亭。主持人说道："这里是弗塞吉尔先生的老报亭，他已经70多岁了。我们把这间报亭打扫一下，按照我们的想象，把它整理得像一个家的样子。"

▶ 综合性学习活动内容

（1）研究服务条件。

问题设计：人们希望从什么时候开始轮值？投递报纸的一个轮值需要多少时间？所有投递轮值的路程是否有相似长度？遇到生病和节假日怎么办？是否应该分别对待早晨和傍晚的值班？早晨投递是否应该比周末投递有较高的工钱？你计划负担几个轮值？（记住：你所做的是公益服务，但应该也能维持生活）

（2）如何做广告？在经过充分讨论后，做出决定：在广告上花多少钱？怎样去做广告？在广告上说些什么？在广播中它的声音听上去应该是什么样？在报纸上它看上去应该是什么样？

（3）分配职务。接见会谈：我们对应聘人要公平，但是没有时间和每一个人谈话。在以下这些问题上，需要达成一个协议。开展投递报纸轮值，我们需要什么类型的人？在接见和交谈中，我们需要向应聘人询问哪些问题？我们应当注意选择谁？如果应聘人对问题都可以做出反应，我们最应该选聘的是谁？为了吸纳我们想要聘用的人，我们是否应该考虑改变报纸投递值班的开价？

这份活动设计一开始就把学生引入生活情境之中，试图用真实复杂的故事情境呈现问题，营造解决问题的环境，让学生为解决制定服务条件、如何做广告、如何分配职务等问题共同努力，唤起了学生探索的欲望和兴趣，能使他们积极而自觉地走进特定的情境。当然，具体的情境也给学生带来了无尽的乐趣，因为"专题"真正切入了学生的现实生活。因此，在完成每一个活动任务时，学生都在思考、比较、探寻、想办法解决问题。同时，语文技能的训练也贯穿在整个活动之中。例如，两个人的商议，几个人的交谈讨论，繁忙地接听应聘人员的电话，接见年龄、性别、经历、特长、需求各不相同的人，和陌生人会谈等，无疑会极大地促进学生们的口语交际能力。整理报纸用户资料，了解广告文案的特点，设计和编写广告词等，又能够在实践中提高学生应对社会需求的多种阅读和写作能力。

（二）引导策略

在综合性学习中，语文教师应承担什么角色呢？语文课程标准指出，教师是学习活动的组织者和引导者。语文教师以一个语文交际者的身份参与整个活动过程，而不是包办所有工作。综合性学习的特殊性体现在其活动、学习时间包揽了课内外，所以，教师作为综合性学习的设计者，只是运筹帷幄、统领全局、默默无闻的幕后工作者，不可能像传统的课堂教学设计那样突出教师在课堂上的风采。

在综合性学习中应该避免两种倾向：一是教师过多参与到学生的活动中，如，替学生分组、替学生选择论题、替学生拟订活动提纲，等等；二是教师把自己定位为一个旁观者，或者是电视节目主持人，基本不给学生提供建设性意见，不指出学生的偏差和错误，不控制活动的发展节奏。前者往往会打击学生的积极性，阻碍学生创新能力的培养，而后者却会使活动陷于无序状态，浪费大量时间换来的是没有收效的"热闹"。

1. 活动准备阶段的开发与指导职能

首先，教师应针对学生知识水平、能力结构，针对学生学习与发展的兴趣和需要，依据课程目标和教材内容，结合学校和社区教育资源的条件和特点，开发和设计适合学生的语文综合性学习活动。综合性学习内容较多、过程较长，对学生自主参与的要求比较高，如果学生缺乏兴趣就不可能积极投入，活动就有可能收效甚微。当然，教师还得考虑课题价值，如果课题仅仅是顾及满足学生的兴趣，而教育价值却不清楚，这肯定是不可取的。语文综合性学习课题的选择一定要把握好方向，确保基本目标落在语文学习上。

其次，教师可以提供相关背景知识、材料以及活动开展的途径、方法，提出一系列综合性学习的建议，让学生展开讨论并深入研究，进而形成具体的实施方案。这样的设计既可以供学生展开和实施，也可以为学生的独立设计提供范例。在学生自主选择和设计时，教师可以提供参考性的意见和建议，提高课题的可操作性。

最后，在综合性学习的起始阶段，教师要引导并保证学生活动环节的具体化，这是活动得以展开的保证，而缺乏具体的操作步骤正是不少综合性学习活动低效甚至无效的根源。例如，人教版语文教材"关注我们的社区"这一综合性学习活动中，教材围绕三个活动内容展开训练，组织了"调查社区人口状况""考察社区环保状况""制订文明公约""发表一次演说""社区活动站义务服务""绿化社区从我做起"一系列活动。这些活动呈现给学生的大多是陈述性知识，即告诉学生去做什么，以及为什么去做的知识，却极少呈现程序性知识，即告诉学生怎么做。从某一个层面上来说，这是我国语文教材的"软肋"。

综合性学习的目的在于改变教师的教学方式和学生的学习方式，通过各种语文实践活动提高学生的语言应用能力，它所关注的重点不是"是什么"的陈述性知识，而是"如何做"的程序性知识。程序性知识的缺位，使语文教材在综合性学习的指导方面显得非常薄弱。这有待于教师对活动设计的进一步精细化、具体化。如果活动的每一个环节都有自己的任务、要求，并且有具体的指导方法，学生既知道要做什么又知道该怎样做，那么活动内容完成起来就会容易许多，并且能够保证每一位同学都达标。例如，"新闻活动小试"（《牛津英语教程》）的活动设计，围绕"新闻活动小试"这一专题，设计了三个分题：①研究服务条件；②如何做广告；③分配职务。这三个分题所呈现的活动之间环环相扣，形成了一个活动链。针对关键的活动，教材还做了进一步的步骤分解，每个步骤皆是实现活动所必需的，为活动的有效实施提供了有力的支持。"新闻活动小试"所设计的专题活动方法是具体的、可操作的。比如"如何做广告"这一分题，具体操作方式就是以下问题的各个击破：在广告上花多少钱？怎样去做广告？在广告上说些什么？在广播中它的声音听上去应该是什么样？在报纸上它看上去应该是什么样？在这样的操作过程中，多种言语实践活动同时进行，每一个环节的任务都十分明确，而且有具体的操作方式做支撑。

又如人教版语文"我爱我家"的活动"老照片的故事"，要求学生看家里的老照片，列出想了解的问题，询问家人，然后以"老照片的故事"为题写一篇作文。这里仍然缺少对每一个环节的要求，以及一些具体怎样做的指导。教师可以对活动设计进一步精细化、具体化。比如，我们可以就"列出想了解的问题"提出示范性的问题，给学生的提问指明方向。另外对"询问家人"这一活动环节应该提出具体要求，比如用简洁的语言整理出家人的回答，并且写出自己的感受，你可以用列表的形式，也可以用问答的形式整理，再分别做出示范。之后选择一个你最喜欢的老故事，把它写出来，与你的朋友分享。写故事的时候，一定要注意写清楚故事发生的背景（时间、地点)、人物、事件的经过(起因、经过、结果),最后再写出自己的真实感受。你可以先列表,在表格里列出故事的关键要素,然后关注故事的细节,比如人物相貌的描写、对话的描写、心理的描写等。

2. 活动实施阶段的组织和管理职能

在综合性学习的具体活动实践阶段,教师以积极的旁观者、热情的支持者和朋友般的监督者等角色出现于活动过程之中。

一方面,语文教师要依据学生的兴趣、特长、能力,合理划分活动小组,实现有效的分工与合作。特别是要组织学生明确目标、任务和职责。传统教育中的语文教师担任的是定向者、定规者、定论者的职能。而在综合性学习活动中,教师更多的是担任导师的角色,为学生提供心理疏导、方法指导、价值引导。

心理疏导是指激励学生大胆探索、求异创新,同时对学生进行挫折教育、意志品质教育,适时对学生进行交往、合作教育,培养学生会交往、善合作的心理品质,以利于学生把综合性学习活动中习得的方式能动地推向社会生活的其他领域,在小组合作中培养团队精神。

方法指导是指在活动的实施过程中,根据新情况、新问题,不断对实施方案进行微调。随着学习与探索的深入发展,教师主要是帮助学生进行方案的完善、手段的更新和思路的拓展,指导学生学会发掘和利用身边的学习资源,以及掌握综合思考、整合研究的基本方法。

价值引导是指综合性学习活动要培养学生正确的价值观、科学态度、探索兴趣、社会责任感以及对祖国语言文字、文明文化的热爱情感等。教师要引导学生在综合性学习活动中关注这些方面的体验和感悟,关注在综合性学习活动过程中自主、合作、探究的学习方式的生成,而不是追求所谓的"成功"和"成果"。

另一方面,教师要发挥引导纠偏的作用,适时、适量、适度地引导学生进行活动,恰当处理,统筹规划与展开过程中的生成性目标、生成性主题的关系。

引导纠偏的前提是不用定式约束学生的思维,不用唯一标准衡量学生的见解,不以个人喜好挑剔成长中的孩子的活动,尤其要善待学生活动中的"创见"(哪怕初看是"歪理"),给学生以充分的自主空间和心理安全感。教师的调控旨在保证综合性学习方法和过程的合理、正确,促进学生真正有效的参与,以便达到综合性学习活动的目的。比如,通过建立小组和实行组长负责制来实施调控;跟踪调控或保持信息的联络(如与家长、社区管理者等联络),及时了解,及时反馈;通过及时检查活动记录或对阶段性成果的评价来加以调控。

当学生处于活动困窘或迷惘状态时，教师就要及时地启发引导，或是适当弥补学生知识的欠缺，帮助学生打开思路。对因不确定因素引起的混乱、偏差进行行为矫正，以便学生能顺利完成拟定内容和衍生内容。

随着活动过程的展开和综合性学习的需要，学生会遇到新的问题或产生新的兴趣需要，不断生成新的目标与主题。教师对一些未曾预见的可能生成的学习目标或主题要有必要的心理准备，当这些目标或主题与预先设定的学习目标和主题有所矛盾或干扰时，教师不能对此视而不见，应当正视这些目标或主题，肯定其生成的意义，对于出现偏差的活动行为，教师要当机立断，及时取舍，善于对教育教学目标做出适时的调整，抽出主要的，剥离次要的（附加及多余成分），使其和预先设定的目标或主题能够统一于综合性学习的展开过程中。

表4-3 课题活动情况记录表

课题名称：_____
活动时间：_____ 第_____次 活动地点：_____
参加活动成员 组内：_____ 组外：_____
活动内容 (1) 目的（解决什么问题）：_____ (2) 形式（小组讨论、访问专家、实验、查阅资料、调查、实地测量等）：_____ (3) 过程：_____ (4) 结果（得到什么结论、解决了哪些问题、是否完成了预定的目标和计划、出现了什么新问题等）：_____ 　　　　　　　　　　　　　　　　　　　　　　　　　　记录者：_____

注：该表格由学生每次活动后填写，在规定时间内交给教师。

表4-4 课程实施过程监控表

日期	活动形式	出勤率	记录的完整、及时	记录的真实	小组的团队合作	达成预期目标
	平均分值					

表 4-5　导师指导意见表

主题：_____　　课题名称：_____

学生：_____　班级：_____　　日期：_____

一、咨询内容（□理论——专业知识　□实践——研究方法　□一般常识）
具体问题：（1）_____
　　　　　（2）_____
　　　　　（3）_____

二、对提问质量的评价（根据其所研究的课题与计划要求）
（1）问题是否与研究的课题相一致：_____
（2）问题是否符合科学性：_____
（3）问题是否抓住了课题的关键：_____
（4）问题是否超出了平时所学的学科知识范围：_____

三、综合评价、判断
（1）学生接受咨询、指导的能力（是否理解、消化、掌握、运用等）：_____
（2）课题的进展情况（是否按计划进行，是否达成阶段性目标，前面的问题是否已解决，课题能否继续下去等）：_____

　　　　　　　　　　　　　　　　　　　指导教师（签名）：_____

3. 活动总结阶段的辅导与反思职能

综合性学习的成果展示阶段，以学生展示为主，提倡教师与学生共同展示、个人成果和集体成果多样化展示。实验要求教师与学生一起分享学生的收获，引导学生就过程实施中出现的问题进行反思、分析，并提出新问题或拟定新项目，扮演好促进者的角色。

教师在整个过程中应多角度反思个人的指导。

第一，能否提出有启发性的学习主题和建议，使学生在讨论中形成具体可行的活动方案。

第二，能否提供相关活动背景、材料以及探寻的路径和方法，以诱导学生提炼出有价值的研究课题。

第三，能否对学生的选题、设计做出及时审查，提出有效的改进建议，进行咨询和决策。

第四，能否进行即时心理疏导，即能够鼓励学生大胆探索，乐于另辟蹊径，善于发表新见，照顾到那些羞于交际的学生。

第五，能否进行研究方法的有效指导，即能否为学生提供基本的探究方法，如调查问卷的设计与使用方法、考察的角度分析与策略、访谈的注意事项、收集整理资料和研究报告的写作常识、研究过程的控制策略等。

第六，能否进行研究价值的引导，即能否引导学生按照学习活动的目标和要求实施计划，在实现学习目标的过程中，培养学生在生活中学语文、在实践中用语文的兴趣和习惯，注重"过程"的评价而非"成果"的最后展示。

第七，能否指导学生进行高质量的评价。一要激发学生对活动的反思；二要让学生对自己的参与行为、表现做出中肯评价，总结出活动的体验和感悟；三要对学习活动中的情感态度做出衡量。

课例 4-9

遨游汉字王国

资料来源：沈大安. 如何开展语文综合性学习：人教版《语文》五年级（上）《遨游汉字王国》的备课与教学示例 [J]. 人民教育，2005（15）：69-75.

▶ 活动分析

《遨游汉字王国》围绕"汉字"这个主题，组织学生开展为期两周、课内外一体的综合性学习。这组内容的编排方式与其他各组完全不同，它不再以课文为主体安排阅读、习作和口语交际，而是分成"有趣的汉字"和"我爱你！汉字"两大板块。每个板块的主体是"活动建议"，希望学生按照这些建议开展综合性学习。"阅读材料"是供学生在开展活动时阅读的，但开展活动的材料不限于此，学生可以自己动手去搜集，教师也可以作补充。可以看出，这是一个既规定了方向又有很大空间的教学单元。

经过前四年的学习，学生已经认识了 2 500 个汉字，对汉字有了丰富的感性认识。这次综合性学习对汉字的感受作适当的提升，将有助于增强学生对祖国语言文字的感情。从三年级开始，学生已经进行过多次语文综合性学习。但前几年主要是利用课余时间，像本次这样较长时间、课内外一体地开展语文综合性学习还是第一次！他们会感到激动和欣喜。学生的学习潜力是很大的，他们在综合性学习中表现出来的能力和智慧常常超出我们的预料。我们也要看到，这次综合性学习的时间较长，而小学生自行设计和组织活动的能力还不强，有的地区开展活动的资源相对缺乏。这都会给教学造成困难，所以需要教师付出更多的心血，精心策划和组织。

能不能体现学科特点，是当前语文综合性学习争论的一个焦点。在《遨游汉字王国》这个单元里，这种疑虑是不必要的。因为它的主要内容是"语文"的，学生将围绕着"汉字"这个主题搜集资料、开展活动。它的形式也是"语文"的，制订计划、搜集和阅读关于汉字的材料、策划和组织活动、写简单的调查报告，都是听说读写能力的培养和综合运用。同时它又是超越"语文"的，通过活动，学生的组织策划能力、合作精神、分析能力、交际能力等都可以得到锻炼。

"有趣的汉字"这个板块的重点是让学生感受汉字的有趣和神奇。教材建议开展的活动有搜集和编写字谜；开展猜谜活动；查找利用汉字谐音特点的古诗、歇后语、对联或笑话；搜集有关汉字来历的资料。"阅读材料"是围绕着活动提供的字谜、有趣的谐音、汉字的来历三个部分。

字谜是中国特有的一种文字游戏形式。教材提供了一些字谜范例，有文字谜、画谜、动作谜，学生会很有兴趣。通过猜字谜，学生可以体会到汉字是音、形、义的结合体。汉字的字形往往表示一定的意义，学生在搜集使用谐音的文字作品中可以进一步感受汉字的有趣。教材提供的运用谐音的传统语文形式有歇后语、笑话等。"仓颉造字"是一个传说，介绍了汉字的来历。学生阅读这个传说，并讲讲这个故事，可以从中了解到汉字的历史非常久远，最早的汉字是从模拟事物的形状开始创造的。《"册""典""删"的来历》是一篇有关汉字知识的短文，它告诉我们，我国历史上曾经很长一段时间在竹子和木头上写字，册、典、删三个字和这段历史有关。从这三个字可以举一反三：汉字是一种表意文字，如果我们明白了一些汉字的来历，就可以更好地理解字义、识记字形。

"我爱你，汉字"这个板块，重点是让学生初步认识汉字蕴含着丰富的文化，但也面临着如何正确、规范地使用汉字的现实问题。建议开展的活动主要有：初步了解汉字演变的历史，欣赏和学习汉字书法，通过搜集有关错别字的笑话、社会用字调查等，认识错别字造成的危害，自觉规范地使用汉字阅读。"阅读材料"分汉字的演变、错别字的危害、汉字书法欣赏三个部分。汉字的演变以"日、月、车、马"四个字为例，显示几千年来汉字的演变过程。从这四个字的发展变化我们可以感受到，汉字有着悠久的历史，汉字的字形逐渐趋向简约。

读读"甲骨文的发现"，我们可以知道，刻在龟甲和兽骨上的甲骨文是我国现存的最早的文字，距今已有四五千年了。《一点值万金》是一件真实的事，讲由于一"点"之差使价值18万元的塑料袋成为一堆废品，警示我们要避免使用错别字。目前街头招牌、广告、电视上的错别字相当多，《街头错别字》的照片就是一个例子。以此为例，引导学生去调查社会用字，为纯洁祖国的语言文字出一点力。《赞汉字》和《书法作品欣赏》分别用文字和图片的形式表现汉字之美。《赞汉字》用凝练的四言句式概括了篆、隶、行、楷、草等不同字体的特点，赞美了汉字书法艺术。

本组最后一篇阅读材料《我爱你，中国的汉字》是当代作家刘湛秋的一篇文情并茂的散文。在作者眼里,一个个汉字"像一群活泼可爱的孩子在纸上玩笑嬉戏,像一朵朵美丽多姿的鲜花愉悦你的眼睛"。作者觉得每个字都有不同的风韵,而它们在书法家的笔下更能生发出无穷无尽的变化。该文章语言生动,比喻形象,通过对汉字的赞颂,表达了作者强烈的民族自豪感,读来令人振奋。这篇文章可以让学生有感情地朗读,摘抄自己喜欢的句子,作为本次综合性学习的小结。

▶活动设计

基于以上认识,这次综合性学习的单元教学目标可以定位为:

(1) 策划并开展简单的小组活动,学写活动计划,培养合作精神,以及初步的活动策划和实施能力。

(2) 通过了解字谜、谐音的特点,体会汉字文化的丰富有趣。初步了解汉字的起源,引发学生对汉字的兴趣。

(3) 初步了解汉字的演变,学习欣赏汉字书法艺术,培养学生对祖国语言文字的自豪感,提高对祖国语言文字的认识,养成防止和纠正写错别字的习惯。

(4) 学写简单的调查报告或分析报告。

(5) 认识21个生字。

▶活动过程设计

综合性学习作为一种新的学习形式,其教学方法与单篇课文不同,更需要进行单元整体教学构思。本组综合性学习可以采用这样的教学思路:①阅读单元导语,激发学习兴趣。②引导学生阅读两个板块的"活动建议",浏览"阅读材料",了解可以开展哪些活动,参考哪些材料。③制订活动计划。教材上列出的活动建议比较多,可以根据教学时间和学校的实际条件,在每个板块中选择一两项活动。④小组活动。由于教材有两个板块,小组活动也可以分两个阶段进行。教师要及时了解各小组的进度,进行具体指导和帮助,引导学生在活动中运用"阅读材料"进行口语交际和习作。⑤展示学习成果。可以选择编小报、办展览、开成果汇报会等形式。最后可以共同阅读《我爱你,中国的汉字》,提升对汉字的感情。盘点认读本组阅读材料中的生字,整个单元的教学要抓好策划、实施、交流、评价四个环节。

(一) 策划

策划能力在学习和生活中是十分重要的,因此教师要有意识地进行培养。可以充分发挥小组的作用,在组长带领下制订活动计划,使小组每个成员明确活动的时间、内容、方式、分工等。这个过程能较好地培养学生的自主意识和合作精神。教师在学生分工上,应提倡"长善救失"。一方面要根据每一个学生的兴趣爱好、个性特长、知识能力水平,引导他们在小组中承担适当的任务。比如有的学生擅长信息技术，可以鼓励他利用网络搜集资料；有的学生善于绘画或摄影，可以建议他们利用图片资料，展示学习成果等。另一方面要利用这次综合性学习的机会，让某些方面能力发展不足的学生得到锻炼，发展潜能。如有的学生比较内向，可以有意让他去做社会调查，与人交流；有的学生写字不佳，就请他去搜集班上或校内的优秀写字作业等。活动计划是一种应用文，有一定的格式，教师要对怎样制订活动计划具体加以指导。这是学生初次制订活动计划，可以比较简单。计划制订好后，要在全班交流，可以采取在教室里张贴的形式，要求小组之间相互学习和评议，吸取其他小组计划的优点，完善本小组的计划。

（二）实施

就一个班级来说，小组活动可以有"并进式"和"阶段式"两种方式。"并进式"是各小组自选内容，同时开展不同的活动。如学习第一板块"有趣的汉字"，第1组猜字谜，第2组搜集歇后语，第3组搜集谐音的笑话，第4组了解汉字的来源等。由于小组学习任务不同，教师可以编制活动建议卡，提示活动的要点，发给相关的小组，供学生制订计划和活动时参考。"阶段式"是根据班上多数同学的需求和教学条件，集中进行两三项活动，逐项进行。每个阶段小组活动的内容虽然相同，但在具体材料和活动方式上仍然有自主性。如猜字谜，各组搜集和猜的字谜不会完全相同。在小组活动的基础上再全班集中活动。语文教育资源比较丰富的地区、基础比较好的班级，可以采用"并进式"学习。语文教育资源相对缺乏的地区、基础不够好的班级，可以采用"阶段式"学习。

由于教学时间较长，活动形式要有分有合，有时需要全班共同学习。第一板块中的《仓颉造字》《"册""典""删"的来历》可以在全班共同学习的基础上再由小组去了解其他汉字的来历；第二板块中的书法欣赏，可以全班先共同学习《赞汉字》，一起欣赏课本上的两幅书法名作，然后分组搜集资料，准备举办书法展览。

在小组活动中，教师要关注学生的合作情况。目前我们看到的小组合作学习，有的是小组成员相互独立，各自为政；有的是依赖于少数"优生"，相对后进的学生只是"观众"和"陪衬"。我们要让每个学生都能发挥作用，形成相互依存的真正意义上的"合作"。

（三）交流

小组活动以后，全班学生要进行汇报和交流，这是更大范围的合作学习。交流的关键是全体学生的参与。要让每个同学既能反映自己学习的成果，又能分享其他同学的收获。全班采用哪种形式交流，既要听取大多数学生的意见，又要充分考虑学生的参与面和参与程度。教材中提出的有编小报、办展览、开成果汇报会等形式。编小报或办展览可以以小组为单位进行，人人有事做并充分反映小组合作的成果。成果汇报会也以小组为单位准备，小组全体成员分工汇报或推举代表汇报。

交流和汇报要强调学生之间的互动，不应只有单向的讲和听。我们可以采用下面的做法：①汇报人带动全班同学活动。如一个小组背诵了《赞汉字》，可以邀请其他同学看着课本一起朗读。②对汇报进行补充或发表意见。如欣赏书法作品，汇报人讲完了他们的看法，可以再请其他组的同学发表意见。③听众提出疑问，请汇报人或这一组的其他同学解答。④听众对汇报作评价。这些做法可以促进全体学生参与汇报和交流，共享学习成果。此外，像举行"汉字知识竞赛"，不仅学生的积极性高，参与面也比较广。如果这种竞赛由学生自己出题、自己组织和主持，活动能力可以得到充分的锻炼，语文知识和能力也能明显提高。

（四）评价

综合性学习的评价既重结果也重过程，但更注重过程。这次综合性学习，可以采用"成长记录评价"。"成长记录评价"有几种类型，本次活动宜采用"过程型成长记录"，即把活动各阶段的资料收入成长记录。可以收录的材料有：活动计划、活动记录、搜集到的资料、自己写的文章、小组编成的小报、展品和汇报材料等。整个成长记录后面有自我评价、小组同学评价和教师评价。自我评价可以是自我小结，总结自己在这次综合性学习中得到的收获。小组和教师评价以定性评价为主，也可以适当采用等级或星级评价。小组评价要强调多看别人的优点和进步，让学生学会赞赏他人。教师的评价要多用激励性评语。这种过程型成长记录，学生可以看到自己的进步，具有很强的激励作用。

这次综合性学习的评价，既评价个人，也评价小组，关注小组的合作态度和每个小组成员的参与程度。为此，可以在综合性学习结束时评比优秀小组。凡是合作有成效的小组都可以评为优秀小组。这个单元教学结束后，教师还要对这次综合性学习的教学进行评价和反思，想想有哪些经验和教训，学生有哪些提高和缺失，以后怎样可以做得更好。五、六年级的每个学期都有这样一个综合性学习的单元，迫切需要我们积累经验。

▶ **案例列举**

● 案例1　小组活动计划

第二小组活动计划	"汉字演变"小组活动计划
时间：11月6—7日 地点：黄韵奶奶家 活动内容：丰富而有趣的汉字 活动过程： 　1. 猜字谜 　2. 讲谐音笑话、歇后语 　3. 编小报 组长：叶曼倩 分工： 　主持：叶曼倩 　搜集资料：金楚雪 　编辑：杨元芳 　抄写：黄韵、何晨阳 　插图：姚洁凡	组长：黄可馨 组员：王晨、施雨彤、叶羽佳、唐明月 时间：11月6日 地点：唐明月家 活动内容：查找古代汉字的字形和书写特点，古今对比，可做成表格 展示方法：把作品贴在班级黑板报上，了解汉字的字形及变化 分工：王晨、施雨彤、叶羽佳找资料，黄可馨设计，唐明月用电脑制作

【案例分析】这是两个小组的活动计划，既符合教材的要求，又发挥了自主性。两个小组的活动内容、呈现方式都不一样。小组成员能够分工合作，每个同学都有具体任务。对活动结果的呈现方式讨论得比较明确。成果完成后，小组成员都会有自豪感。可以看出，学生是根据不同的学习条件，从实际出发。像"汉字演变"小组从资料搜集到制作成果，都要用到电脑，他们把活动地点安排在唐明月家，估计具备活动的条件。而第二小组则采用编小报的方法，同样值得鼓励。

活动计划比较规范，这得力于教师的指导。计划是一种特定的应用文，学生没有学过是不会写的。一般来说，活动计划分标题、正文两部分。标题要写清什么单位、开展的是什么活动，正文要写清"什么时间"、"做什么"（目标、任务）、"做到什么程度"（要求）和"怎样做"（措施办法），以及"由谁做"（参加人员和分工）。也可以把要做的事逐项列出，看起来有条不紊。这些要点在这两个计划中都有了，如果在标题下方或末尾能写上制订计划的日期就更好了。

●案例2　猜字谜活动设计

课前准备：

（1）教师搜集字谜、制作字谜卡。

（2）要求学生每人搜集10条字谜，谜底必须是学过的字。给每人发放

5张红色纸条,在红色纸条上写好学号和编号(如学号为1的,谜语编号为0101、0102、0103等)后,选5张纸条,将谜面端正地抄在红纸条上,将相应的编号和谜底交给教师。教师将编号和答案整理在一张纸上,将重复的清理掉,让学生将字谜纸条用长绳穿上挂起来。

(3)学生自愿报名或同学推荐,准备表演相声《猜字谜》。

(4)每个同学发一张积分卡。

活动过程:

(1)猜课本上的字谜。

①出示课本上的字谜,请同学猜并讲理由。

②公布课本上谜语的答案,分析猜得正确或错误的原因。初步讨论猜字谜的方法。

③用这些方法再猜几个教师搜集的字谜。

(2)猜同学搜集的字谜。

①宣布比赛的流程和评奖方法。推荐两位同学当服务员。

②同桌相互猜,每人轮到两次。猜的同学要陈述理由。猜对一个,在积分卡上打一个五角星。没有猜对的,出谜方要告诉他不对的理由。

③小组猜。四人小组每人轮流出一个谜语,给大家猜。先猜中者得星。每人轮到两次。

④自由猜。看挂着的字谜,将猜中的摘下并拿到讲台前核对答案,猜中一个加一颗星。根据得星多少评出"猜字谜大王",并请"猜字谜大王"介绍猜字谜的经验。

(3)表演相声《猜字谜》。

在表演中得到快乐,并了解一些猜字谜的方法。

(4)猜同学自编的字谜。

①教师从生字表中选一个字板书。请同学们用不同的方法给这个字编谜语,共同评价并评出最佳字谜。

②在规定时间内,大家在生字表中任选自己认为难的字在纸上编字谜。到时间后在小组内宣读自己的字谜,让大家猜。每个小组选出8个好谜语修改后,准备给全班猜。

③每个小组的代表上台读自己编的谜语让全班猜。猜对的给出谜和猜谜的同学各记一颗星。

④发奖。根据得星情况颁发出谜奖和猜谜奖。

(5)交流感受和小结。

学生交流开展猜字谜活动的感受,可以从感受汉字的有趣、学会了哪些知识和本领等方面谈。教师根据活动情况进行小结。

（6）课后活动。出字谜给家长或低年级同学猜。

【案例分析】这是一位教师做的活动设计。这个设计的最大特点是很好地体现了活动的层次性。首先，从猜课本上的字谜开始，然后猜教师和学生搜集的字谜，在掌握规律的基础上自编字谜互相猜，中间还穿插相声表演，估计学生参加这次活动会非常开心。其次，这个设计不光停留在"猜"上，而且十分注意让学生分析猜得正确或错误的原因，探究猜字谜的方法。汉字字数众多，字谜也比较难猜，对猜出来的字要求学生说说是怎么想的，注重思考的过程。这对发展学生的思维以及感受汉字的巧妙是很有好处的。最后，在自编字谜时，鼓励学生一字多编，培养学生的创新精神。从设计看，预计学生的参与面会比较广。值得思考的是，这个活动设计，有没有可能以学生为主来做？如果让班长主持讨论，全班同学出主意，班干部归纳成一个活动计划，教师再加以指点改进，是不是又多了一个给学生锻炼的机会？

●案例3　社会用字调查报告

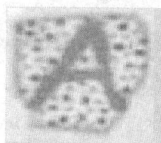 生活中不规范用字调查报告

杭州市东园小学　尤瑞之　潘忠鑫

分工：潘忠鑫调查记录错字地点。尤瑞之调查记录具体错字。

调查地点：喜得宝厂门口——东园小学。

调查时间：7∶30—8∶30。

我们先到潘忠鑫家，带上纸笔往学校走。一路上我们调查了许多商店的标牌，看到了许多繁体字，还有一些错字。统计如下：

地点	具体不规范字	不规范字个数
弘达养车店	"挡"写成繁体字	1
赢达饭店	"赢"写成繁体字	1
中江花园	"中江花园"写成繁体字	4
小区大门	"时"多了一横	1
加水站	"净"多了一撇	1
小区（宣传栏）	"文"少了一点	1
超市物品	"六"写成繁体字	1
星缘坊	"图"写成繁体字	1

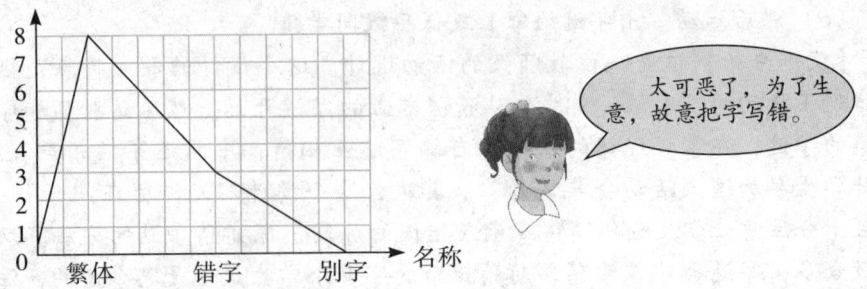

经过调查，我们发现写成繁体字的有8处，错字3处。广告牌上写错字很不应该，不仅毁坏了杭州的形象，还会造成儿童误认。特别是那些为了生意好，不惜毁坏杭州形象故意写错字的，那就更不应该了。还有一些为了使招牌上的字漂亮，故意写成繁体，也是不应该的。

为什么会写错字？店里的人知道不知道？我们采访了招牌上有错字的某店老板，下面是我们和他的对话：

"你知道你们店里有错字吗？"

"知道。"

"那你为什么不改？"

"故意这样嘛。"

"为什么故意？"

"好看呗。"

从以上访问中，我们知道了一些店家明知错误还要犯，可见其不顾社会影响只想着自己的利益。

分析与建议：

我们分析，有些错字是因为写时不小心而造成的，这样太不应该。对待写字应该与其他事一样认真，不要认为写字不重要。写重要文件时，一旦写错字，会造成很大的损失。你去应聘，写了错字，别人会看不起你，你也会因此找不到喜欢的工作。故意写错的那就更可恶了，会损害杭州人的形象，使外地游客认为杭州人文化水平很低。

为了避免这些事再发生，我们提出几点建议。

（1）开展一次有关写正确字的教育活动，让人们知道一些正确的用字知识，避免写错字。

（2）在电视上宣传用错字的危害，为生意而写错字的商家也会意识到危害，不再乱改字，错别字就少了。

（3）加强学校的规范字教育，使学生养成规范用字的好习惯。

（4）让一些志愿者上街宣传，帮助商店改正广告招牌上的错别字。

【案例分析】这是两位学生写的社会用字情况调查报告。我们发现，学生学习和创造的潜力是很大的。这个调查报告分成四个部分：①调查的时间、地点以及两人的分工。②对调查到的材料进行分析，主要是进行统计和分类。我们看到，学生很自然地就运用了数学课学过的统计图表，以此来说明问题，体现了综合性学习跨学科的特点。③原因分析。这里记录了学生跟店主的谈话。我们可以看到综合性学习对口语交际和人际交往能力发展的促进作用。④提出整改建议。学生在这个调查报告中表现出来的情感、态度、价值观的取向是积极正确的。学生用信息技术知识来编制这个调查报告，增强了表达效果。在这个调查报告中，我们同样可以看到教师的指导作用。比如，社会用字错误情况的分类、简单调查报告的写法等，都经过教师的指导。所以，在综合性学习中，学生的自主性和教师的指导作用两个方面都是不可或缺的。

（以上三个案例均由浙江省杭州市东园小学柴群虹教师试教后提供）

▶评议

作为综合性学习，教学中既要体现综合性，又要凸显学科个性。有几点特别值得我们注意。

（一）活动：学生能力得以完善的道路

"活动"这个概念，在不同的学科领域里有着不同的含义。教学论中的"活动"，是指教学过程中学生自主参与的，以学生学习兴趣和内在需要为基础，以主动探索活动对象为特征，以实现学生综合发展为目的的主体实践。意大利教育家蒙台梭利认为："儿童对活动的需要几乎比对食物的需要更为强烈。"对一个可能使他使出全部精力的活动，他将感到一种本能的冲动，因为这正是使他的能力得以完善的道路。瑞士儿童心理学家皮亚杰认为，人的认识不可能单独起源于主体，也不可能单独起源于客体，只能来源于两者的相互作用，即主体对客体的活动。现代教育十分重视采用活动的形式进行教学，主张通过学生自主的学习活动来获取知识，形成能力，养成良好品格。这次综合性学习的内容尽管是在语文学科内部，但突破了传统教学的模式。通过猜字谜，搜集有汉字谐音特点的诗词、歇后语、对联，调查街头错别字，举办书法展览等活动，让学生充分体验汉字的神奇和有趣。教材为我们提供了比较广阔的空间，我们要充分利用这个空间，让学生"动"起来，在活动中综合学习和运用语文知识，实现听说读写能力的整体发展。

讲到活动，我们难免会担心：有些活动城市里容易开展，教学资源丰富的地区容易开展，但在农村和边远地区做起来就会有困难。好在教材的弹性相当大，教材提示的活动，不必全部去做，可以根据地区和学校实际选做几项，比如调查招牌广告等社会用字的活动，在农村开展起来有困难，可以改成调查自己和班上同学习作中的错别字。教材为我们提供了活动的基本材料，如猜字谜、搜集谐音歇后语等。资料缺乏的学校可以用教材上的材料作为主要活动内容，不过，一定要避免把教材中的阅读材料当作一般的课文来教，否则就失去了综合性学习的特点。

（二）自主：综合性学习质量的重要指标

语文课程标准指出：综合性学习应突出学生的自主性，重视学生主动积极的参与精神，主要由学生自行设计和组织活动。这是综合性学习与普通单元教学重要的差别。教材的提示是："我们可以自由组成小组，讨论可以从哪些方面了解汉字。活动结束以后，我们可以用多种方式展示活动的成果。"自主性的一个重要内涵就是要学会分析和判断，学会选择。这对一个人的一生来说都是极为重要的综合能力。学生自由组成小组，小组同学一起商量开展哪几项活动，怎样开展以及用什么形式呈现学习的成果等，是锻炼自主与合作能力的极好机会。

值得注意的是，小学生毕竟年龄较小，又是初次开展时间较长的综合性学习，要避免放任自流。教师要根据当地的实际条件，就适合开展哪些活动、不适合开展哪些活动，积极地向学生提出建议。例如，"办一个书法展览"，如果当地有书法展览，可以组织学生去参观；如果学校里学生、教师、家长中有书法好的，可以请他们提供作品举办展览；如果班上喜欢书法的同学很多，也可以办班级书法展。这些需要教师作通盘的考虑。教师对学生自由组合小组的过程以及小组的活动进展，要及时了解和关注。有的学生由于个性或家庭的原因，孤独不合群，可能没有小组愿意接纳；有的小组人数过多或过少，不便于开展活动……出现这些情况，教师要做好协调工作，培养学生的合作精神以及活动策划和实施能力。

（三）探究：一个不应被忽略的过程

"实践，认识，再实践，再认识，这种形式，循环往复以至无穷"，这是人类认识的一般规律。我们要思考的问题是：在教学活动中，"实践—认识—实践"的认识过程，前一个"实践"和后一个"实践"有什么不同？对促进学生的发展来说，哪一个价值更大？从目前的教学情况看，教师对知识形成以后的"实践"相当重视，设计多种练习让学生巩固，联系生活实际组织活动，包括课外实践活动，而对知识形成以前的探究性实践活动却重视得不够。比较多的情况是，教师匆忙导入新课，尽快得出结论，学生没有经历理解、感受知识产生和发展的过程。皮亚杰的认知结构理论认为，个体的认识起因于主体对客体的不断同化、顺应和平衡。在皮亚杰看来，"复制的真理只能算半个真理"，真正理解一个概念和理论，就意味着主体对它们的重新探索、发现和创造，而不是简单地接受、重复和记忆。

课程倡导的自主、合作、探究的学习方式，在综合性学习中更能够得到体现。在这个单元中,学生接触到的有关汉字的材料比较丰富,我们可以有意识地引导学生探究,掌握方法和规律。如猜字谜,不能猜出来就完了,还要引导学生说说你是怎么想的,琢磨猜字谜的方法,还可以尝试用这些方法编字谜;读了《"册""典""删"的来历》,知道了汉字跟我国古代的生活、文化关系密切,可以自己去了解一些汉字的来历;从《汉字的演变》表中,可以发现汉字的发展有由繁到简的趋势,离实物形状越来越远。再如,调查错别字,我们可以引导学生分析错别字产生的原因,研究防止和纠正错别字的办法等。

课程强调学生的体验和感悟。本组教材尽管以"汉字"为主题,但并不是系统地传授有关汉字的语文知识。本组学习内容中如汉字的发展演变、错别字的类型和成因、汉字书法的字体等,都不必作为系统的知识来教。

学习反思:

1. 从你正在使用的语文教材中选择一个单元,根据单元内容确定一个综合性学习的主题,并说说确定这一主题的原因。
2. 如何创设"真实"的活动情境?

本 章 小 结

现行的语文教材一般以某个主题或者某种题材来组织单元,综合性学习就是以某个主题或题材来设计的,将阅读、写作、口语交际的内容整合在这个主题和题材中。

现行语文教材关于综合性学习内容方面存在的问题:活动探究空间狭小;活动设计欠缺系统性;内容取向偏重文化性和思想性。现行综合性学习实施的常见问题,主要是来自语文教师的局限:①专业知识结构落后;②组织引导能力欠缺;③开发课程资源能力不足。

综合性学习实施的基本策略:①妥当开发课程资源,包括充分发挥教材资源、迁移课外资源、突出师生资源、挖掘地方特色资源;②妥善处理教师指导与学生自主的关系。

▶ **思考与练习**

1. 综合性学习的活动设计与教科书选文之间有什么联系?从你正在使用的语文教材中选取一个单元,根据单元内容确定一个综合性学习的主题,并说说确定这一主题的原因。

2. 从以下几方面评析"轻叩诗歌的大门"综合性学习教学设计。

（1）综合性学习活动设计如何落实课程标准的学段目标？如何在活动设计中体现课程目标的维度？

（2）可否通过搜集、整理诗歌，培养学生的专题学习意识，诸如建立专题知识库？

（3）在诗歌鉴赏方面，小学阶段是否应该侧重儿童诗？

轻叩诗歌的大门
执教者：王凤娟

▶**活动目标**

1. 知识与技能

（1）通过一系列的学习、研究活动，使学生学会搜集诗歌、整理诗歌、欣赏诗歌，还能对诗歌进行简要的赏析，部分学生还可以试着写一写诗。

（2）通过综合性学习活动，让学生感受古诗和新诗的区别，认识一些诗人，增长一些文学常识，提高对语言的感受能力和对美的欣赏力，积累优美的语言材料。

2. 过程与方法

通过调查访问、查找资料、记录整理等活动，提高学生相应的口语表达能力和书面表达能力，学习诗歌的分类方法和掌握一些学习诗歌的方法。

3. 情感态度与价值观

通过朗诵表演、展示诗集和原创诗作等活动，锻炼学生的胆量，增长他们的勇气，提高自信心和培养创造力。

4. 活动重难点

（1）重点：组织搜集诗歌的活动、分类整理的活动和汇报展示活动，引导全体学生参与。

（2）难点：组织"诗歌朗诵会"，把各人的整理汇编成集；指导学生进行写诗活动。

▶**设计理念**

本组教材以"诗歌"为切入点，让语文走向了生活，让生活走进了语文，学生围绕诗歌开展了丰富多彩的综合实践性学习活动。"学生是语文学习的主人"，在这次语文综合性学习活动中，充分激发学生的学习兴趣，注重培养学生自主学习的意识和习惯，在教师指导下积极为学生创设良好的自主学习情境，同时尊重学生的个体差异，鼓励学生选择适合自己的学习方式，通过各种活动培养学生的合作精神和实践能力。

▶**活动过程**

（一）第一阶段：结合教材，制订计划

在进行综合性学习之前，要制订活动计划。教师引导学生浏览本组教材，结合"活动建议"和"阅读材料"制订活动计划。制订计划要求：①学生自由组成小组，选出组长，确定组员的分工；②讨论活动内容；③制订活动计划；④活动结束后要展示活动成果。

例如，"诗苑飘香"小组的计划如下表所示。

"轻叩诗歌的大门"活动计划

组长：＿＿＿＿＿＿

组名：＿＿＿＿＿＿

活动目标：诗情画意每一天

具体活动	活动内容
搜集诗歌	通过阅读报刊和书籍，访问他人等途径搜集诗歌
整理诗歌	把诗歌进行分类整理
欣赏诗歌	借助工具书理解诗歌
朗诵诗歌	选几首自己喜欢的诗歌进行朗诵
创作诗歌	亲自动手写一写儿童诗
编辑成册	把搜集到的和自己创作的诗歌配画编辑成册

（二）第二阶段：各小组按计划开展活动

● "诗海拾贝"部分

1. 搜集与整理诗歌

（1）师生共同阅读《诗经·采薇》《春夜喜雨》《西江月·夜行黄沙道中》《天净沙·秋思》《天上的街市》《白桦》，了解诗歌的特点，知道这是一组描绘自然景物的诗。

（2）学生搜集诗歌。教师带领学生到阅览室、图书馆阅读与诗歌有关的报刊和书籍。学生在教师的指导下登录相关网站欣赏、搜集诗歌；到县文联走访，搜集本地作家创作的诗歌或记录当地流传的民歌、童谣；进行搜集与诗歌有关的知识和故事等活动。

（3）学生整理诗歌。可以按诗人、内容、形式等分类。各小组把搜集到的诗歌分好类以后，看看哪方面内容少，再按类别搜集补充。

（4）各小组分类整理。如：（按诗人分）"诗仙李白"诗选；（按内容分）"四季古诗景物赞歌"；（按形式分）"宋词元曲精选""新诗选读""儿童诗选编"……

（5）教师指导设计封面，补充插图美化版面，把分类的诗文装订成"册"（课外进行），并进行展示评比。

2. 欣赏与朗诵诗歌

"朗诵诗歌"在教材里，属于"与诗同行"部分，但为了提高学生学习诗歌的兴趣，可把欣赏与朗诵结合起来，使学生更好地"明诗意""悟诗情"。具体活动安排如下。

（1）阅读"诗中的'秋'"，学习作者欣赏诗歌的方法："明诗意""悟诗情"。

（2）小组成员人人参与，推荐自己最喜爱的诗歌，并交流喜欢的理由。

（3）把自己喜欢的诗歌拿来参加诗歌朗诵会，要求人人朗诵诗歌。

（4）学习委员组织分工，确定时间、地点、形式等，让每位学生充分准备；指导主持人写出台词；安排各小组布置环境、编排节目单、化妆等，使每个小组都为班级朗诵会出力。

（5）举行"班级诗歌朗诵会"，表现突出的学生参加最后的汇报展示活动。（入选者以小组为单位，从感情、动作、表情等方面指导朗诵）

● "与诗同行"部分

1. 创作诗歌

（1）欣赏"阅读材料"《我们去看海》《致老鼠》《爸爸的鼾声》等儿童诗，了解儿童诗的特点和简单写法。

（2）动手写写诗，尝尝"小诗人"的滋味儿。集体创作以"雪"为主题的诗歌。（选材原因：我们学习的时候，涉县正好下了一场50年不遇的大雪，所以选择了这个主题）

（3）学生自由选材写诗，题目自拟。

（4）学生把自己认为优秀的诗歌进行交流，并交到评审组评奖。

2. 合编小诗集

（1）学生以小组或个人为单位，把搜集到的诗歌编辑成册，可以适当穿插诗歌故事或相关资料。

（2）学生以班级为单位，选出优秀的自创诗歌编辑成册。

（3）主编负责根据学生特点安排封面设计、诗歌配画等，把诗集装饰精美。

（4）可以把自己喜欢的诗歌做成手抄报，在全班交流。

（三）第三阶段：汇总资料，为汇报展示做准备

（1）学习委员统筹安排汇报展示的时间与方式，并分组。

（2）选出主持人，写好主持词。

（3）多媒体展示组根据展示会场需要制作精美幻灯片。

（4）评委组制定朗诵评分标准。

（5）其他同学为知识竞赛、诗歌朗诵做准备。

▶汇报展示活动

（一）激情导入，叩响诗门

师："轻叩诗歌的大门"，我们在诗海边拾贝，在诗海里畅游。这段时间，我们开展了"轻叩诗歌的大门"综合性学习活动，同学们积极地搜集、整理、欣赏、朗诵诗歌，并进行了自创诗歌等活动。今天，我们就进行一次全面的汇报展示活动，希望大家能尽情地展示自己的收获，并通过这次活动使自己对诗歌的了解"更上一层楼"，大家有信心吗？

师：请用热烈的掌声欢迎主持人上场。

（本次活动展示由学生自己主持，体现学生学习的主体性）

（二）自主汇报，与诗作伴

主持人（男）：大家好，今天由我们两人为大家主持这次综合性学习的汇报展示活动，希望大家踊跃参加。

主持人（女）：我宣布"轻叩诗歌的大门"汇报展示现在开始。

第一环节：诗歌知识大比拼

主持人（男）：请大家进入第一个环节"诗歌知识大比拼"。

主持人（女）：我来介绍一下活动的规则：①大家要遵守课堂纪律；②回答问题请举手，主持人允许后方可回答；③答对者有奖励。

主持人（男）：大家请看填空题部分，用适当的诗句填空。

第一题：在期末写评语时，老师会祝你来年怎么样？

生：更上一层楼。

主持人（男）：回答正确。下一题：当我们要感恩报答母亲时，自然会吟诵起唐代诗人孟郊的《游子吟》中的什么诗句？

生：谁言寸草心，报得三春晖。

主持人（男）：回答正确。当我们在外地过节时，常引用唐代诗人王维在《九月九日忆山东兄弟》中的什么诗句来表达对家人的怀念？

生：独在异乡为异客，每逢佳节倍思亲。

主持人（男）：下面是选择题，请大家积极参加。

主持人（女）：下面是选择题，请看第一题："少壮不努力，老大徒_____"。（悲伤，伤悲，忧伤）

生：伤悲。

主持人（女）：回答正确。《七步诗》的作者是_____。（曹植，曹丕，曹操）

生：曹植。

主持人（女）：回答正确。"停车坐爱枫林晚，霜叶红于二月花"中"坐"的意思是_____。（因为，坐下，座位）

生：因为。

主持人（女）：回答正确。"春色满园关不住，一枝红杏出墙来"。出自叶绍翁的_____。（《游园不值》《春望》《春夜喜雨》）

生：《游园不值》。

主持人（女）：回答正确。《天净沙·秋思》是一首小令，作者是元代的_____。（张养浩，马致远，元好问）

生：马致远。

师（小结）：通过这一段时间的学习，大家掌握了一些诗歌知识，回答问题的准确率还较高。希望大家在今后的学习中掌握更多的诗歌知识！

第二环节：诗歌朗诵会

主持人（男）：现在进行第二个环节"诗歌朗诵会"。请同学们选出的八位评委上来，大家欢迎！

（每位评委手持一朵小红花。诗歌朗诵完以后，根据举起的小红花的朵数评出优胜奖，并颁发奖品鼓励）

朗诵会主持词设计：

合：领略古今中外的优秀诗篇，我们在诗歌的海洋畅游。

女：唐朝是我国古代诗歌最鼎盛的时期，出现了许多著名的诗人，有"诗仙"李白，有"诗圣"杜甫，还有"诗魔"白居易。请听苏浩楠同学朗诵李白的《赠汪伦》。……

男：请欣赏冯鑫梓同学朗诵刘禹锡的《乌衣巷》。……

女：人们都说王维"诗中有画，画中有诗"，下面张婷婷同学将朗诵《鸟鸣涧》，请欣赏。……

男：草是生命力极强的植物，请欣赏白居易16岁时写的《赋得古原草送别》，朗诵者李昊。……

女：古代皇宫里的宫女过着怎样的生活呢？请欣赏李鑫威朗诵《行宫》。……

男：请陈昊东朗诵爱国诗人龚自珍的《己亥杂诗》。……

女：接下来，欣赏李鑫威朗诵的王昌龄边塞诗《凉州词》。……

男：毛泽东的诗词是中国革命史诗的体现，他以豪迈的诗情，唱响了一个伟大时代的灿烂篇章。请欣赏王睿杰、段兰卓同学朗诵毛泽东的诗词《沁园春·雪》。……

女：诗有经典的古诗词，也有现代的"新诗"。高洪波是我国现代著名的诗人，请赵雅昕同学朗诵他的《我想》。……

男：如果你到了老鼠的家园，你想对它们说些什么呢？请欣赏申格格朗诵《致老鼠》。……

女：想象多丰富啊！请郝旭阳同学朗诵俄罗斯诗人叶赛宁的《白桦》。……

男：共同生活在地球上，我们希望头顶的天空永远是美丽的，请欣赏康新溢朗诵《美丽的天空》。……

女："嫦娥奔月""女娲补天"，我们炎黄子孙做过无数次的飞天梦，今天终于圆梦了。请欣赏孙英杰朗诵《炎黄飞天梦》。……

男：天上星亮晶晶，可是有一天不亮了，就让赵旭蕾带我们一起去擦星星吧！……

女：评委正在评分，让我们一起来背大家都喜欢的《致老鼠》吧！齐背《致老鼠》。……

（根据小红花朵数，评出优胜奖，并颁发奖品）

第三环节：人人参与诗歌实践活动

（1）展示以"雪"为主题的自创电子诗歌集《雪，梦的精灵》。（主持人一边展示，一边请原创作者上台朗读）

（2）学生展示自己编辑的手抄报。

（3）学生交流自己的诗集如《诗苑飘香》《聆听诗韵》等。

（4）学生讲有关诗的故事、名人趣事等。

（5）展示交流自创诗集《自创诗歌大全》。

教师小结：诗就在我们身边，诗就在我们的生活之中，有朝一日，在座的某一位同学，说不定会成为大诗人呢！老师期待着这一天，相信大家也在期待这一天的到来，到时候，请送给老师一本你写的诗集，好吗？

（三）畅谈收获，体会诗情

教师引导："轻叩诗歌的大门"，经过这次综合性学习活动，相信大家一定有很多收获，请大家说说。

生：通过这次综合性学习，一方面，我学到了很多诗歌，学会了诗歌的分类，搜集了很多有关诗歌的故事；另一方面，学会了自己写诗歌，初步懂得写诗歌的方法：①理解词语的意思；②联系生活实际；③想象情景；④各种诗歌写法比较等。总之，这次综合性学习，收获是丰富的。

生：我觉得诗对于一个人的影响力，甚至一个世界的影响力是巨大的。所以，我们必须认真学习诗歌，有感情地朗读诗歌，多搜集诗歌，了解更多的古今中外优秀诗歌。

生：通过这次综合实践活动，我收获了很多。比如在"诗歌知识大比拼"这个环节中，我学到了诗歌的许多知识，增强了对诗歌的兴趣。通过参加"诗歌朗诵会",我的朗诵水平提高了很多,朗诵更加有感情。另外,看了别人写的诗,他们的想象力是那样丰富,深感自己的不足。总的来说,这次关于诗歌的综合性学习,让我受益匪浅。

(四)展望未来,与诗同行

1. 表扬主持人、评委小组、幻灯片小组以及展示活动多媒体操作员

师:这次综合实践汇报展示活动是成功的,说明大家在学习中很努力,取得了很多成绩。此外,还有很多同学为这次展示做了很多工作,让我们用掌声感谢主持人、评委小组及幻灯片制作小组的成员,还有操作员杨旭。

2. 总结发言

我们在诗海边拾贝,在诗海里徜徉,我们满载而归。叩响了诗歌的大门,我们面前出现了一个美丽的诗的世界!让我们以这次活动为起步,今后学习更多的诗歌,写出更多优秀的诗歌,得到更多的收获和乐趣!"一枝独秀不是春,百花齐放春满园",希望我们人人都来当诗人,让诗情画意陪伴我们一生!

▶ **阅读链接**

1. 郭根福. 试论语文综合性学习的有效教学策略[J]. 课程·教材·教法,2003(3):52-56.

2. 冉茂权. 语文综合性学习探微[J]. 语文教学与研究,2003(13):45.

3. 薛辉,薛彦华. 试析语文教学中的"综合性学习"[J]. 中学语文教学,2003(10):12-14.

4. 杨世碧. 语文综合性学习的类型[J]. 语文建设,2004(10):20-21.

5. 李明高. 为语文学习构筑广阔的平台:关于语文课程资源的利用与开发的思考[J]. 连云港师范高等专科学校学报,2005(2):42-47.

6. 陈尚达. 语文综合性学习的教材设计特征及问题:以人教版初中语文课程标准实验教科书为例[J]. 教育科学研究,2005(11):44-47.

第五章
基于语文课程的综合性学习的评价

> ▶ **本章学习目标**
> （1）了解综合性学习评价的内涵、基本要素。
> （2）明确综合性学习评价的基本原则。
> （3）明确综合性学习评价的基本操作。
>
> ▶ **本章核心概念**
> 综合性学习的评价理念　档案评价

▶ **导入案例**

许多一线教师表示，不知道如何评价综合性学习，正是因为对综合性学习的评价无法把握，所以导致许多学校语文综合性学习的开展困难，语文综合性学习面临"名存实亡"的危险。

提问：为什么综合性学习的评价那么难以把握呢？

第一节　综合性学习评价的基本内涵

一、综合性学习评价的定义

综合性学习的评价是整个综合性学习活动的重要环节，它渗透到综合性学习活动的每一个环节。对学生综合性学习的评价是确保综合性学习顺利进行、提高综合性学习质量的一种重要手段，评价是否恰当直接关系到综合性学习能否沿着正确的方向发展，关系到能否实现综合性学习的课程目标。因此，为确保综合性学习取得良好的预期效果，真正发挥其独特的育人功能，使综合性学习沿着正确的轨道健康运行，必须对其进行科学、合理、全面的评价。

什么是评价？一般来说，评价是指事物价值的判断。综合性学习的价值取向，客观上规定了综合性学习评价的目的与目标，不仅如此，还从宏观上决定了综合性学习评价的性质与价值；规定了综合性学习评价的内容、原则、主体、方法、实施步骤等的基本取向。综上所述，综合性学习评价是在客观描述语文综合性学习活动的基础上，对综合性学习活动满足学生发展需要的程度做出的判断。

综合性学习是一个基于真实语文实践活动的学习过程，相对于其他的语文教学形态而言，有更强的即时性、生成性，并且过程本身就是综合性学习关注的目标，因而综合性学习的评价应当指向每一次综合性学习全过程的整体评价，从任务主题的确定到计划、实施、结果，对这一全过程中，学生规划、监控、调控等宏观驾驭情况的评价。同时，在任务执行的过程中，随时注意观察学生的表现，定期、不定期地对学生表现出的优点予以肯定，问题予以提示。

综合性学习是整合性的学习，学生多方面的语文素养在这里均要得到体现，综合性学习的目的也是促进学生多方面语文素养的整体发展，这决定了综合性学习的评价内容是综合的；另外，综合性学习评价的方式也应当是综合的，每一次学习活动的评价方式都不能是单一的，应当采用多种评价方式，充分尊重学生不同的智力优势与学习风格，允许学生采用不同的学习方式与呈现方式，展示他们的学习过程与学习结果，并对此进行有个体针对性的评价，从不同角度、不同层面，全面评价学生，这样才能促进学生的全面发展。

二、综合性学习评价的基本要素

基于语文课程的综合性学习需要什么样的评价？什么样的评价才能实现综合性学习的培养目标？综合性学习致力于全面提高学生的语文素养，意味着综合性学习的关注点从纯粹的考试分数或者单纯的知识的识记与积累，转向了更深层次的思维品质及能力等非智力因素的培养，以及学生的学习意识、团结合作品质、创新精神等精神品质，这是一个立体的、多维的教育目标,因此,与之相适应的综合性学习评价体系也应是立体的、多维的。

语文课程标准关于综合性学习的评价建议指出:"综合性学习的评价,应着重考察学生的语文综合运用能力、探究精神与合作态度。主要着眼于学生在综合性学习过程中的表现,如是否能积极参与活动,是否能主动提出问题,还有搜集整理材料、综合运用语文知识探究问题、展示与交流学习成果等方面的情况。第一、第二学段要较多地关注学生参与语文学习活动的兴趣与态度;第三、第四学段要多关注学生在语文活动中提出问题、探究问题以及展示学习活动成果的能力。各个学段综合性学习的评价都要着眼于促进学生提高语文水平的效率,并有助于他们扩大视野,更好地掌握学习语文的方法","评价要尊重和保护学生学习的自主性和积极性,鼓励学生运用多种方法,从不同的角度进行探究。要充分注意学生解决问题的思路和方法。对有新意的思路和表达以及有特点的展示方式,尤其要给予足够的重视。除了教师的评价之外,要多让学生开展自我评价和相互评价"。

"综合"和"实践"是把握综合性学习的两个关键词。综合性学习的教学相较于阅读、写作教学而言,有其特别的规定和局限性,尤其在师生教和学的行为方面,其特殊性更为鲜明,因此,综合性、实践性、师生行为是评价综合性学习教学的三个必然视角。

据此,评价综合性学习教学的基本评价要素如下。

(一)活动选题及目标符合学生实际

语文课程标准中关于综合性学习目的的表述为"综合性学习既符合语文教育的传统,又具有现代社会的学习特征,有利于学生在感兴趣的自主活动中全面提高语文素养,有利于培养学生主动探究、团结合作、勇于创新的精神,应该积极提倡";语文课程标准还提出了综合性学习的要求:"加强语文课程内部诸多方面的联系,加强与其他课程以及与生活的联系,促进学生语文素养全面协调地发展。"据此,语文综合性学习的立足点是全面提高学生的语文素养。另外,语文综合性学习"是培养学生主动探究、团结合作、勇于创新精神的重要途径"。所以语文综合性学习关于学生评价要以这两点为根本内容。

1. 评价语文综合性学习首先要考查学生语文素养的形成和提高程度

综合性学习的评价体系应明确评价的核心问题是"学生的语文素养(尤其是能力)怎样",而不是"学生掌握了哪些书本知识"。语文素养是一个抽象的概念,它涉及的内容很多。语文课程标准提及"全面提高学生的语文素养",其内涵有两点:一是"必须面向全体学生",二是"语文课程应培育学生热爱祖国语文的思想感情,指导学生正确地理解和运用祖国语文,丰富语言的积累，培养语感，发展思维，使他们具有适应实际需要的识字写字能力、阅读能力、写作能力、口语交际能力。语文课程还应重视提高学生的品德修养和审美情趣，使他们逐步形成良好的个性和健全的人格，促进德、智、体、美的和谐发展"。也就是说，提高学生的语文素养主要由五个支点构成，即注重积累构建语文知识、培养语文习惯、指导学习方法、提高语文能力、渗透思想（含德育、美育）教育。所以，在综合性学习的评价中，考查学生语文素养的形成及提高程度的着眼点在于以下方面：①积累构建语文知识的情况；②语文习惯的好坏；③学习方法的运用和掌握；④听说读写语文能力的提高；⑤思想（含德育、美育）的方向和形成。

以"听说读写语文能力的提高"为例，尽管综合性学习是一种新型的语文学习方式，但其综合性的活动特点并未改变语文学习的本质。因此，对语言的表达运用始终是关注的重点。综合性学习的优势在于能创造大量语言运用的实践情境，而这恰恰是语言表达能力成长的沃土，也是以往的语文学习环境所不能提供的。综合性学习的每次活动都有交流展示这一环节，通过对学生在交流展示过程中的表现进行评价，可以及时直观地发现问题，了解活动的实际成效和学生的能力优势及真实水平，这一环节也是语文综合性学习活动过程中最精彩的部分。综合性学习中展示的学习成果或许是一纸小画报、一份活动心得、一张调查问卷，或许是一场主题演讲、一次辩论赛、一首诗歌朗诵，但不管学习的成果是以何种方式呈现，都需要选用合适的有效途径，而这种选择将决定展示的实际效果。

对于学生的活动展演能力，可以从以下几个角度来描述：① 能够根据需要选择恰当的展示形式；② 语言表达自然流畅、条理清晰，仪表自然大方，面对提问和质疑应对从容；③ 对表达的内容阐述准确、清晰、合乎逻辑；④ 能在表达过程中进行现场互动，现场效果好。

2. 评价综合性学习应着重考查学生的探究能力和创新意识

综合性学习的评价应着重考查学生的探究能力和创新意识。尤其要尊重和保护学生学习的自主性和积极性，鼓励学生运用多种方法，从不同角度，进行多样化的探究。这种探究，既有学生个体的独立钻研，也有学生群体的讨论切磋，所以除了教师的评价之外，要多让学生开展自我评价和相互评价。评价的着眼点主要有：①在活动中的合作态度和参与程度。②能否在活动中主动地发现问题和探索问题。诸如，对新事物表现出强烈的好奇、求知欲；对问题通常能主动寻求更多的解决方法；对事物有自己的看法，保持思维独立性。③能否积极地为解决问题去搜集信息和整理资料。④能否根据占有的课内外材料，形成自己的假设或观点。⑤语文知识和能力综合运用的表现。⑥学习成果的展示与交流。

在评价时，要充分注意学生在解决问题的过程中所采用的思路和方法。对不同于常规的思路和方法，尤其要给予足够的重视和积极的评价。

以"能否积极地为解决问题去搜集信息和整理资料"这一评价内容为例，综合性学习活动中，学生需要独立自主完成选题、资料的搜集处理等一系列活动项目，其中根据学习目标主动搜集、处理信息的能力，是开展活动必备的基础能力，也是语言处理运用的基本技能。在综合性学习的具体专题活动中，这种知识层面的整合必须以学生掌握了足够的、有效的相关信息为开展前提。只有在一定的信息搜集处理基础上，后继问题才能有效展开。如开展"家乡的名胜古迹"这一综合性专题活动，需要学生搜集大量的家乡名胜古迹资料并根据活动的要求进行筛选和整理。若没有这个基础，此次活动就无法进行下去，因此语文综合性学习关注对学生信息搜集、处理能力的评价。对于学生搜集、处理信息能力的评价，可从以下几个方面入手。

首先是信息的搜集：①知道如何运用恰当的方法找到资料；②能够找到充足的符合主题需要的资料。

其次是信息的处理：①可以从搜集的资料中根据学习目标选择需要的信息；②运用正确、简单、快捷的方法对信息进行鉴别核实；③能够建立所选信息与学习目标之间的应用关系；④能够按需求将信息归纳分析，以备使用。

最后是信息的利用：①能够对信息的使用价值做出正确断判；②能够通过对信息的综合分析得出有价值的综合评价。

（二）活动内容和活动方式的综合程度

"综合"特征使得综合性学习的教学评价必须关注活动内容的丰富性和活动内容的恰当性。综合性学习的过程是综合体现语文知识和能力的过程，是相关学科知识和能力迁移运用的过程，同时也是各种学习方式综合运用的过程。但是"综合"不是无止境的，不是越多越好，活动方式的综合程度要依据学生的认知水平和实际能力而定，要依据每次综合学习的具体内容而定。

（1）学习价值：判断项目和内容设计是否具有学习价值和可探索性。语文教学历来非常重视对学生精神品质的熏陶，综合性学习为学生提供了真实的情境体验机会，使他们在实践活动中亲身体验并初步获得成功所必备的合作精神、毅力、信心、责任等品质，培养对他人的诚信、对国家的热爱、对社会的责任感。如，通过综合性实践活动"保护母亲河"的开展，提升了学生城市小主人翁的责任感，增强了他们主动保护水资源、爱护环境的意识。对这种承载如此多重功能、多维度目标的学习方式的评价体系也应是多维度、多目标的，既应有知识的评价，也应有非智力品质和精神因素方面的评价。

（2）学习资源：判断其资源利用是否具有最优性，即学生是否能选出最优的资源，如"探索月球奥秘"，需要将语文、地理、天文、数学、物理等学科知识结合起来完成学习任务，而且可供选择的资料很多，如介绍月球特点的、介绍月球研究价值的，等等。

（3）学习方法：判断学习方法是否具有科学性，即学生思考问题的方式、策略是否科学，如学生研究瀑布诗，把《望庐山瀑布》和现代诗的《瀑布》进行对比分析，就应充分肯定。

（4）学习实践：判断学生的学习实践是否具有全员参与性和全程体验性，即是否每一位学生都参与到语文学习活动中，个个都经历了实践、领悟、探索和创新的全过程。如在人教版七年级语文综合性实践活动"漫游语文世界"的开展过程中，通过搜集、整理、展示生活中的语文知识（视频、广告宣传语、门店招牌、对联、绕口令、错别字），引导他们关注生活，学会主动观察，同时，也在改错字、拟门店招牌、写广告宣传语、绕口令竞赛的一系列活动中提升了他们听、说、读、写的综合能力。

（5）学习结果：判断学习结果是否具有深刻性和广阔性，即学生所提见解是否有一定的深度，看问题是否全面、是否有独到之处，所形成的学习成果怎样；学生提出的见解是否符合人类基本道义和规范，如果所说内容有违人类基本道义、思想不健康，应予以正确引导。

（6）学习效率：可从综合性学习所花的时间、精力去判断学习效率。

（三）活动评价要注重活动过程的测评

综合性学习重视学习过程的评价是由其独特的课程形态所决定的。综合性学习的学习过程是由一系列专题活动构成的，每一次专题活动都设置近乎真实的活动氛围，使学生得以在亲自参与探索体验的过程中，收获他们从阅读、写作等传统语文课程形态中所无法获得的感悟和见解。学习结果是我们追求的既定目标，显然不可忽略。学习过程则是我们达成目标的中间环节。综合性学习的实践性较强，从课程形态上看更倾向于活动课，而活动的过程是评价的重点，即综合性学习的评价大部分都是关注学生在具体活动情况中的各项表现以及能力的培养提高，以及语文素养的全面发展、精神品质的生成。

这种评价体制绝不能仅仅关注教育的结果，而应更多关注学生通过怎样的方式方法和途径实现了教育的结果，即学习的过程。相对而言，结果更易于统计、管理、考评，过程则复杂得多，很难用量化考核的方法驾驭。然而，没有过程的内化和积累，语文素养的形成就是一纸空谈，更谈不上能力的培养了。综合性学习课程的活动较多，语文活动就是它的载体。依据课程安排，这些活动贯穿整个学期，时间跨度较大。如此频繁的活动评价，的确难以操作。正视综合性学习课程的活动实践性，我们可以找出其中的一些可测易测因素，制定长期跟踪的评价目标，及时针对学生在活动中的表现，定期反馈总结，以便在长期的语文综合性学习课程活动中实现既定的教学目标。

综合性学习活动就是学习知识、提高能力、培养思维能力的过程，是发展语文素养的过程。只有在综合性学习活动的具体情境中才能实现学生综合能力的发展。同时，综合性学习评价设置的学生自评、学生互评、教师评价、小组评价、他人评价等环节贯穿在活动过程中，是综合性学习活动不可分割的组成部分。在综合性学习中，学生首次被赋予了评价的主体地位，他们在自评和学生互评的环节中可以发表独立的观点和看法，也在活动过程中直接接受来自教师、小组成员、家长等的指导和意见。这个过程对学生的发展极为重要，可让学生在活动中学会评价，从评价中领悟成长。这个过程中，学生获得的体验和思考是他们足以受用一生的宝贵财富。可以说，综合性学习的主要学习目标都承载在了活动过程中，因此，综合性学习的评价必须关注学习的过程。

（四）活动性质的语文性定位

基于语文课程的综合性学习的前提是语文性，语文性要在综合性学习的活动中得到体现。

综合性学习一般指以学科综合为基础，不单独强调某一门学科的学习目标和某一门学科的性质。综合性学习不能只限制在语文学科的范围之内，基于语文课程的综合性学习要与其他各学科相融合，不管学习哪一门学科的知识，都必须以语言作为媒介，但却不能认为，任何学科的学习都是语文综合性学习，因为语文综合性学习必须体现浓厚的"语文性"。综合性学习因为加上了"语文"这门学科的限制，所以它的立足点和出发点都与一般综合性学习有所不同。基于语文课程的综合性学习的目的是提高学生的语文素养，当然，其目的不仅仅是为了提高学生的语文素养，还要获得综合性学习活动中的其他相关知识，培养学生自主探究、合作学习、自主创新等优秀品质。传统的语文学习过于注重文本的分析理解，过于注重语文的听说读写的训练，由此而体现语文的特性，一旦超出了这个范围，就被视为"偏离轨道"。综合性学习的意图在于"加强语文课程内部诸多方面的联系，加强与其他课程以及与生活的联系，促进学生语文素养全面协调地发展"，通过这样的学习，将语文的学习扩展到学生的生活环境和社会生活之中，这样才能让学生对世界、对生活有更丰富更深刻的认识，培养语文素养之外的素质。

例如，在开展综合性实践活动"黄河，母亲河"（人教版语文七年级下册）时，某教师设计的整个活动过程都围绕着黄河的相关地理、历史知识展开，在学生展示搜集的黄河的相关知识后举办一场黄河知识竞赛，设置的问题大多是类似于"黄河有多长？""黄河流经多少个省？""黄河有多少个弯？"这样的题目。这样的语文综合性学习活动显然倾向于地理学科、历史学科知识的搜集，而忽视了实践性，忽视了学生相关语文素养的培养。由于教师对语文综合性学习的理解偏误使综合性学习走向了"非语文"的道路。"非语文"指的是教师一般都把综合性学习的重点集中于学科知识或活动内容的多方面"综合"，而忽视了综合性学习对各种语文能力的发展，忽略了综合性学习对学生语文素养的全面提高，忽略了"语文课程"这一大平台。

课例 5-1

"乘着音乐的翅膀"教学设计

一、活动目的（略）

二、活动准备（略）

三、活动过程

1. 乘着音乐的翅膀，穿行于文学的天空

（1）听一段歌曲。

（2）欣赏《乡愁》配乐诗朗诵。

2. 乘着音乐的翅膀，徜徉在心灵的海洋

在课堂上开展"一句话形容音乐—一段话描写音乐—一篇文章抒写音乐"的作文练习。培养学生使用简练的语言形容事物，使用丰富的语言描绘事物。

3. 乘着音乐的翅膀，了解中外经典

（1）走进民族音乐：《边疆的泉水清又纯》《信天游》《好一朵茉莉花》《珠穆朗玛》《月光下的凤尾竹》。

（2）听音乐，让学生猜乐器猜曲目，讲述欣赏曲目的故事：《二泉映月》、《高山流水》、《梁祝》（小提琴协奏曲）。

4. 交流各自感悟，感受音乐魅力
5. 动手写作，把自己对音乐的感悟用最美的语言记述下来
（1）学生自由写作训练。
（2）小组交流推荐佳作。
（3）佳作展读。（师生共同点评）

▶ 评析

这一活动设计从开始的诗歌导入到欣赏民族音乐《信天游》《二泉映月》，流淌的是中国传统文化，把音乐鉴赏、口语交际、文学鉴赏写作也融入活动中，体现出对学生语文能力的促进。

三、基于语文课程的综合性学习评价的原则

（一）发展性原则

发展性原则是当代教育评价的主要原则，是指评价所要达到的目的不仅仅是教育目的本身，更重要的是为了促进学生的发展，评价应该围绕学生的身心发展展开。

学生评价要围绕学生的发展，为学生的发展服务，这是发展性原则的核心思想。这里的发展是指全体学生的全面发展，是指每个学生有个性地在个体已有水平上的可持续的发展。传统的学习评价模式没有充分认识到人的这种发展潜能，以静止的、僵化的观点，以学生一时一事的表现轻率地判定学生终身的发展，导致学生失去了发展的信心、发展的动力，这是与学生成长规律背道而驰的。语文课程标准指出："应发挥语文课程评价的多种功能，尤其应注意发挥其诊断、反馈和激励的功能，有效地促进学生的发展。"这是对学生学习评价的基本要求，也是在综合性学习中对学生开展评价的根本目的。

一方面，综合性学习评价要注重评价的反馈功能和发展功能，突破传统的甄别与选拔的影响，建立一种能促进富有个性差异的每一位学生的全面发展与提高的发展性评价。综合性学习评价重视学生的现在，更着眼学生的未来，不但要通过评价促使学生在原有水平上的提高，更要发现学生的潜能，了解学生发展中的需求，帮助学生认识自我、发展自我。

另一方面，要注重评价的激励功能。综合性学习评价要从调动学生的学习主动性和学习兴趣出发，着眼于学习活动中学生优点的评价，积极地发现其闪光点，确认、表扬其优点；鼓励学生想象、创造和实践，激励和维持学生在探究过程中的积极性、主动性和创造性。

（二）过程性原则

这是指综合性学习评价的内容主要集中于学生在活动过程中的情绪情感、参与程度、投入程度等表现。综合性学习评价不仅关注学生探究成果的质量，更关注学生的参与过程，即学生对认知、思维、情感、态度、方法等方面的体验。综合性学习的课程目标一般不是指向某种知识或能力的达成度，而是提出一些学习的活动及其要求，主要指向"过程"。综合性学习评价应关注学生参与活动的过程和实践体验，重视对过程的评价和在过程中的评价，并且把对学生的评价与对学生的指导紧密结合起来。在综合性学习开展过程中，应采用学生自评或教师的即时评价等措施使评价贯穿于语文综合性学习的整个过程。

首先，综合性学习评价要重视过程性内容。综合性学习评价也关心学生学习的结果，即对综合性学习成果展示进行评审，但评价的重点是学生的参与过程。综合性学习的评价特别重视学生在学习过程中所表现出来的学习态度和运用的学习方法，强调学生在亲身参与探索性实践活动中所获得的感悟和体验，重视学生在发现问题、提出问题、解决问题的过程中的知能综合、思维运用和见解创新。在一定意义上，相对于结果而言，评价综合性学习更重视过程；相对于"做得好不好"而言，综合性学习的评价更关注学生"是否做了"。只要学生经历了活动过程，对自然、社会和自我形成了一定的认识，获得了实际的体验和经验，就应给予学生积极的评价。当然，不能因为强调过程性评价就完全忽略活动结果，毕竟学习任务是通过结果来展现的，如果忽视对学习结果的评价，也会使学生产生错误认识，错认为综合性学习是不重结果的，错以为只要有参与，结果无所谓。

其次，综合性学习评价应当贯穿于综合性学习的始终。综合性学习的过程性评价是由综合性学习的情境性决定的。只有在具体的情境中才能谈学生的发展如何，评价应该重点关注学生在活动过程中的表现以及他们是如何解决问题的，而不仅仅是针对他们得出的结论。教师的指导、学生的学习和评价活动，从最初到最后不是相互分离的，而是相互结合的过程，三者之间体现了相互融合。

最后，突出学生的评价主体地位。综合性学习的评价十分重视学生的自我评价和形成性评价。学生自我评价的过程，也就是学生自我反思、自我总结、自我提高的过程。形成性评价是一种伴生性评价、指导性评价，学生在语文实践过程中学会评价，在评价中学会学习。

（三）开放性原则

第一，评价目标或内容的开放，即目标具有多元性，不仅有知识、技能目标，也有情感、态度和价值观等目标。

第二，评价主体的开放，即评价主体不仅有教师，还有同学和学生自己。

第三，评价资料的开放，活动记录、论文、展示与交流、口头演说、讨论、作品选、答辩会等都可以作为评价的资料。

第四，评价学生学习成果形式的开放，语文综合性学习特别关注学生在综合性学习过程中所获得的丰富多彩的学习体验和个性化的创造性表现，因为学生对问题的解决方案不同，而且表现他们所学知识的呈现形式也丰富多彩。

第五，评价结果呈现方式的开放，即评价结果的表现形式不只是一个分数或等级，而且加有评语等质性描述形式。

第六，评价结果公开，即评价结果要向被评价者开放，这正是评价发挥作用的一个很重要的方面。

学习反思：语文综合性学习评价与现行语文学业评价有什么异同？其评价实施需要教师做出哪些改变？

第二节　基于语文课程的综合性学习评价的现状

一、基于语文课程的综合性学习教学样式的评价

（一）综合性学习活动起始课的教学评价

所谓起始课，是指综合性学习活动起步时的活动指导课。起始课的任务重在明确活动内容，理清活动思路，提出并明确活动中的行动方式，预设活动中会出现的问题以及初步明确解决问题的策略，激发活动的兴趣，等等。这些目标需要教师引导学生通过讨论等方式逐步实现，并不是教师给学生的一种规定。

与活动式和探究式的综合性学习教学不同，评价综合性学习活动起始

课，要从起始课的功能、要求出发，从"目标到达的程度"和"目标到达的过程（师生表现）"两个方面进行考虑。具体地讲，起始课的评价要素应具备如下内容。

第一，目标到达度。活动目标是否明确，活动思路是否初步形成，预见的问题及问题解决的预设策略，学生是否表现出活动欲望，等等。

第二，目标到达的过程。目标的形成是否基于教师的引导和学生的个性，学生在课堂上表现出的积极性和思维状态，等等。作为综合性学习的起始课，应该让学生明白"做什么"和"怎么做"，这是学生进入活动过程的有效前提。

（二）综合性学习活动成果展示课的教学评价

综合性学习成果展示课是对活动成果的全面检阅，这个成果一方面是显性的、有形的，如报告、作品等；另一方面又是隐性的、无形的，如获得的经验教训、新的方法思路、全新的感受体验等。同时，这个成果展示的过程不是教师主导的，是学生自主自觉的行为过程，是学生充分展示自我、进一步增进学习积极性的过程。一堂好的成果展示课，不仅仅是"回头看"，同时也有助于"向前看"。目前，综合性学习活动成果展示课常见的形式有唱歌、跳舞、弹琴、画画、书法、吟诵、设计制作……各种展示形式林林总总，无所不有，但唯独见不着过程，或者体现不出过程，似乎这些展示的内容与过程无关，或者说这些展示的内容根本就是不需要过程的即兴之作，只是一种纯粹的才艺表演。

成果展示课的评价要素应包含以下内容。

第一，展示过程。展示过程是否由学生主导，学生参与展示的比例及程度，教师在过程中的作用发挥，展示过程是否有序，等等。

第二，展示内容。成果内容与活动过程的关联程度，有形成果的丰富程度及质量，无形成果的丰富程度及质量，成果的代表性和典型性，成果的"原生态"特征，等等。

第三，展示效果。是否全面反映活动的全貌，学生活动积极性是否进一步增强，等等。

二、基于语文课程的综合性学习的学业评价

（一）试卷考核

在综合性学习的评价问题上，一些课改实验区摸索出了一些做法，尝试

在中考语文试卷中专门设置综合性学习考查的题型、内容。其常见题型、内容主要有以下几种。

1. 活动实践策划类

以活动为载体,考查学生的语文综合能力。如确定主题语(开场白、串词、宣传语)、拟定活动方案或计划、解决活动中出现的问题、针对活动内容谈感受等。

试题举例(2006年武汉市中考题):

根据要求完成下面问题。

长江中学学生会准备开展以"魅力语文"为主题的活动,假如你是该校的一名学生,一定会积极地参与到活动中去。相信你能完成以下任务。

(1)如果你来策划,你准备设计哪些活动项目?请列举三项。

示例:编演课本剧。

项目一:_____

项目二:_____

项目三:_____

(2)请你从自己设计的三个项目中选一项,写出开展这项活动的一个主要环节,并陈述设计该环节的理由。

项目名称:_____

主要环节:_____

理由:_____

2. 口语交际类

设置情境,要求准确、得体、简洁地作答。把口语融入"语文综合运用"板块中,这类题型也备受各省市青睐。

试题举例(2006年安徽省课改实验区中考题):

4月23日是"世界读书日",班里准备在这天下午3点,在本班教室开展关于读书的主题班会活动。假如你参与了这次活动。请你按要求完成以下任务。

……

(3)4月22日下午,你去邀请语文王老师参加这次班会活动。请你将对王老师说的话写出来。

3. 图文转述类

以图形或表格作为题目材料,就图形、表格有关信息设计考点。命题涉及局部或整体。这类题型能很好地考查学生的能力,如观察能力、概括表述能力、联想能力。

试题举例(2006年安徽省中考题):

节约是中华民族的传统美德,也是现代社会发展的需要。然而随着生活水平的提高，浪费现象也有增多的趋势。为增强节约意识，近日，校学生会在全校发起了一场"节约伴我行"活动。请你担任活动的宣传员，帮助完成以下工作。

……

在活动中，男、女生开展了节约竞赛。近期，学生会对住校男生和女生的节约情况作调查，请你用简洁的语言概括调查表所反映的基本情况。[图表（略）]

4. 材料提炼类

常见的题型有：用一句话概括内容；为新闻拟标题或写导语；限定条件，找出不符合活动主题的信息；从不同材料中找出共性问题；替一段文字中某个主要概念下定义等。这类试题主要考查学生在阅读时能否抓住一段或几段材料的主要内容，并加以提炼概括。

试题举例（2006年金华市中考题）：

某校举行"锦绣金华"综合性学习活动，下面是活动中的几项内容，请你按要求完成。

（1）家乡，总会传递一种淳朴、真挚和浓浓的亲情，这是一种来自祖先遥远的血管里的神秘力量，它把世世代代子孙凝聚在一起，它让我们充满自豪和希望。认识先人，传承风尚，就让我们叩访名人。

（2）①请从下面名人中选一位作简要的介绍。

备选名人：骆宾王、张志和、艾青、施光南

示例：宋濂　文学家　浦江人　《送东阳马生序》

②根据提供的信息，用金华古今文化名人的名字完成下联。

上联：火腿、酥饼、木雕、水晶，金华物产誉全球

下联：_____，婺州儿女扬英名

(二) 档案评价

语文课程标准提倡采用成长记录的方式，搜集能够反映学生学习过程和结果的资料，如，关于学生平时表现和兴趣潜能的记录、学生自我反思和小结、教师和同学的评价、来自家长的信息等。档案评价或称学生成长记录袋评价，它是一种以档案袋为依据对评价对象进行的客观的、综合的评价。作为评价重要依据的学生档案袋是长期有目的有计划地收集相关的学习信息而形成的，也就是学生个人的学习档案。档案袋中的内容不仅有特定主题的学习结果，而且还有学习过程的记录和积累，可以系统地展现学生个人学习的历程与成果。运用档案评价方式，可以恰当地评价学生分析、综合、评鉴、

应用等学习行为以及各项能力，还可以看出学生在学习态度、学习动机、求职精神等方面的表现。

学生成长记录袋的内容主要有以下几种。

①反映基本过程的内容，如：有关课题研究及相关活动的计划和修改稿、课题的研究方案或开题报告、各阶段计划、活动记录、研究问卷、反映过程的照片、影像资料、研究大事记等。

②反映基本成果的内容，如：对课题解决具有重要价值的参考资料或实验数据、最有收获的案例、某些关键问题解决的思维过程及策略、阶段性总结等。

③反映最佳成果的内容，如：小组或个人研究成果、文学作品、研究论文、结题报告等。小组或个人在研究过程中发现的最佳问题解决方案、最好的实验记录、小组中写得最好的计划或总结材料等。

档案评价因为其介入过程的非凡功能，决定了它在综合性学习学业评价中的不可替代的地位。运用档案评价方式评定学生综合性学习学业水平的要点如下。

第一，要确保档案内容的丰富性。档案内容应反映综合性学习活动过程的全貌，包括活动计划、活动中搜集的资料、过程中遇到的问题、过程中的成果及最终成果、活动总结、过程中的评价意见等。档案内容随着综合性学习教学的延伸而不断丰富，教师要引导学生形成资料积累意识，指导学生掌握资料搜集和建档的方法，一般每学期应对档案进行一次整理，并确保档案资料的原始状态。

第二，评价主题要多元化。综合性学习具有很强的开放性，学生的活动过程不仅表现在校内，更多的是呈现于课外，教师作为评价者，其所了解的情况只能是学生活动过程的部分，不可能很全面，因此，评价不能只是教师说了算，必须有学生自己和学生群体的参与。有了学生个体和群体的参与，不仅能保证评价的全面、公正，还能够提升评价的效果。现实中的档案内容或许很多，或许很杂，有的材料不一定能说明什么问题，而有的材料却能直接反映学生进行综合性学习活动的态度、状态和效果，教师要把能直接反映学生活动态度、状态和效果的材料称为评价关键要素。档案评价抓住关键要素进行，能够去粗求精，避虚就实，确保评价的效度。

课例 5-2

"我行我秀——综合性学习成长册"的建立

资料来源：曾玉. 人教版七年级语文综合性学习教学设计 [D]. 重庆：重庆师范大学，2013.

让学生每个人准备两个本子，一个是资料收集本，随时收集生活中看到的、听到的感兴趣的人和事，为综合性学习积累最新、最近的素材，比如说，听到一首好听的歌，把歌评写下来，说说为什么喜欢这首歌；另一个是活动记录本，每一期的活动分"听""说""读"三个专区作记录（本来分"听、说、读、写"四个专区，但把"听、说、读"记录下来，本身就是写，所以只设三个专区），每个专区分"我能""一般""差"三个等级作不同的标志，具体模式按学生个人爱好设计，可以画"大笑脸""微笑""皱眉"等表情，也可以用文字表示。每个专区还要考虑足够的空间贴活动的相片或是从报纸上剪辑下来的图片。除设"听""说""读"专区外，还要设计"自我评""家长评""教师评"三个评价专区。总之，当一个学期结束后，资料收集本和活动记录本就是每个学生的"我行我秀——综合性学习成长册"，或是精美，或是粗糙，都可见证学习的蜕变，也可作为语文的学业评价成绩之一。

（三）轶事评价

轶事在这里指的是学生在日常学习生活中不被一般人所重视的小事或细节。语文综合性学习的轶事评价就是，教师要观察并详细记录学生在综合性学习活动中的有重要意义的个人偶发事件与相关细节，并以此作为评价学生的佐证材料。要评价一个人，首先应了解这个人。而对于绝大多数学生来说，他们在教师面前展示得更多的是学习中的轶事，教师如果缺乏对学生轶事的关注和体察能力，在对学生进行评价时就会感到无东西可评，尤其是班级中表现平平的同学，教师对他（她）没有特别的印象。这样一来，学生的评语中频繁出现诸如"该生团结同学，乐于助人，集体荣誉感强"的词语，导致评价结果千人一面。这种评价对学生的指导意义是不大的。

由于轶事在日常教学中是不断演绎与变化的，要从如此多的信息中敏锐地捕捉到对某位学生有特殊意义的细节，的确有一定的难度，这也许就是有意义的轶事在一般的书面评价、档案资料中很难得以完整呈现的重要原因。但如果教师能从对班级情境的直接观察中得到一些学生"独到"的细节，并把它作为评价学生在综合性学习中表现的佐证，那将有效地提高评价的效度。以此看来，轶事虽然不能作为评价的唯一依据，但在对学生的评价上却也有它独特的意义，教师应该以此转变自己对轶事的认识，加强轶事评价的观念，提高自己的轶事评价能力。教师在运用轶事评价时应注意：轶事评价是基于对学生细微的观察和深入了解，也与教师的经验有很大的关系，所以教师开展轶事评价是有基础的，轶事评价并不是对任何一位教师都是适用的；轶事总是在一定的情境下发生的，对轶事的解释须结合具体情境，不能脱离其特定的情境人为地过度解释推论，更不能把学生在特定情境中的偶发行为看作是学生典型行为；观察记录与分析轶事，特别要避免可能产生的偏见，如刻板印象、晕轮效应等。

（四）教师评价

教师对学生的评价应以鼓励为主，学生只要参与到这个活动中来，就应当给予他们充分的肯定和鼓励。

1. 助推式评价

教师可以评选出学生的优秀文章向学校或者其他部门推荐发表，从而肯定学生的学习成果，调动他们参与活动的热情。

2. 量化评价

教师可以通过评价量表对学生做出评价（见表5-1）。

表5-1 评价量表

评价阶段	评估内容及比例		各项得分	总得分
进展性评价（40%）	平时表现（50%）	阅读笔记（20%）		
		活动表现（20%）		
		资料收集（10%）		
	与他人合作（20%）			
	调查报告写作（30%）			
总结性评介（60%）	活动成果制作（60%）			
	汇报展示（40%）			

3. 质性评价

教师可以在与学生的日常教学的接触和互动的过程中，通过仔细地观察学生的表现，对其进行口头或者书面上的评价。采用这种方式有利于抓住学生的特点，提高评价的信度。需要注意的是，教师应当抓住学生的优点，大胆肯定，但也要指出其存在的问题。

例如:"××同学,本次综合性学习充分展现了你的规划才能,活动安排合理、有序,制订了一份比较完善的小组活动计划。活动中能够与小组成员很好地合作,共同完成小组活动目标,并且在对工作人员进行访问时讲礼貌,能够认真倾听他人的见解,并提出有价值的问题。收集到的信息比较丰富,如果对这些信息进行整理和筛选将会更加完美。顺便说一句,你拍的照片构图很棒。"

(五)小组互评

欧美、日本等多个国家和地区的综合性学习贯穿于整个课程教学的始末,而我国的综合性学习多是以综合学习的单元形式呈现。综合性学习涉及面很广,内容也繁多,因而国内的语文综合性学习方式一般不以个人为单位进行,而是采用小组合作的形式完成,大多以 4~6 人为一个小组开展合作。在小组互评中,学生对小组间的交流、互动有切实的体验,相互评价起来针对性很强。但需要注意的是,对学生的评价应当贯穿于综合性学习的每一个环节,教师可以从活动起步阶段、活动实施阶段以及成果展示阶段等环节制定评价量表,让学生进行自评和互评。教师在学生小组互评的过程中担任小组互评的推动者,应确保公平、公正,并引导学生的评价过程和方法,以此培养学生在小组合作中的合作态度。

表 5-2 语文综合性学习小组成员互评表

填表说明:

请同学们根据这次语文综合性学习活动合作完成的实际情况,给本小组的其他所有成员评分,在每个互评内容对应的表格中填写 1 分到 5 分的分值。(1 分为非常不符合,2 分为较为不符合,3 分为基本符合,4 分为比较符合,5 分为完全符合)

序号	互评内容	组员1	组员2	组员3	组员4	组员5
1	他(她)在这次活动中的合作态度我很满意					
2	他(她)在这次活动中的参与积极性一直很高					
3	他(她)总能在这次活动中主动地去发现问题					
4	小组在这次活动中遇到的问题,他(她)能主动地开展探索					
5	他(她)能够积极地去搜集和整理小组需用到的材料、信息					

续上表

序号	互评内容	组员1	组员2	组员3	组员4	组员5
6	对于小组的资料，他（她）能很有主见地提出自己的看法					
7	他（她）很乐意进行交流、展示他（她）这次活动的学习成果					
8	如果还有机会，我十分乐意再次和他（她）分到一组					

三、基于语文课程的综合性学习评价存在的问题

综合性学习活动是学生进行语文实践的一种学习活动，它关注的是学生的参与、学生实践的过程，关注的是学生活动中的体验、活动的方法。重过程、重参与、重方法、重体验等特征，决定了综合性学习的最佳评价方式就是过程性评价、形成性评价。传统的笔试是一种量化评价方式，考查的是学生的知识、技能，关注的是学习的最终结果，而对于学习的过程、方法、情感态度等则不能在卷面上体现，因此笔试考查的评价方式对于综合性学习评价来说不大合适。正是由于这样一个矛盾的存在，综合性学习笔试考查虽有进行实验探索，却也没有能大面积地施行开来。

由于综合性学习没有一个完善的评价体系，是一个可开展也可不开展的课型；综合性学习只是教师的一种自发的自由组织的活动，开展的多少，不直接影响传统的教学效果，因此，造成综合性学习活动的无序化和随意性局面。目前综合性学习与传统考试评价机制不相适应，在合适的评价机制还没有建立起来的情况下，综合性学习极有可能流于形式甚至被置之不理。多数教师选择了每次活动完后以小结的形式进行口头评价，这种过于随意化的评价方式，根本无法对学生的参与行为、情感态度做出客观公正的评价，不但不能激发学生对综合性学习的热情，反而会使综合性学习评价流于形式。

（一）综合性学习评价目标难以具体化

关于综合性学习的评价目标，虽然课程标准中指明了方向，但表述得不够具体，在现实的综合性学习实践中，并不具备可操作性强的具体的执行标准。

语文课程学习目标中的知识与技能、过程与方法、情感态度价值观三个

方面是相辅相成、互为因果而存在的。在综合性学习活动中，不少教师只将评价关注点放在能力上，从而弱化了对于语文知识层面的关注，还有的将语文知识能力与情感态度价值观对立起来。我们应在强化语文知识的基础上提高学生的能力培养，而非取一舍一。为了学生的发展，应关注影响长远的情感态度价值观的形成。综合性学习过程应是语文知识的学习过程，情感态度价值观的养成是伴随这一过程而进行的，失去了语文学习这个载体，情感态度价值观的养成就成了空谈。此外，很多教师认为语文综合性学习重过程，因此但求参与不问收获，过于强调综合性学习的过程、方法，甚至将其凌驾于学习结果之上。这其实是将学习过程与学习结果对立起来，忽视了两者间的关系。没有学习过程，就无法实现学习结果；反之，没有学习结果的指引，学习过程将会失去方向。忽略其中的任何一方，都将直接影响综合性学习的成效。

综合性学习评价的目标缺乏具体性难以落实，还有一个原因是综合性学习评价的多元主体的主观性难以控制。综合性学习利用多种方式展开评价，诸如：学生自评、学生互评、教师评、家长评等。这种设计意图重建学生学习的主体地位，本意是好的，但这种多主体的评价方式给语文综合性学习的实施带来了极大的挑战。而现实状况是，作为学习主体、评价主体的学生基本上被排斥在评价过程之外，他们只能充当被评价的对象，而无法参与评价过程，这就使得评价结果有很大的局限性。此外，众多的参与人员彼此阅历不同，对同一事物的看法角度不同，因而评价结果因人而异。加之语文学科的评价结果本身具有一定的模糊性，因而在活动中不可避免地会出现分歧。由于学生们的心智尚不成熟，对事物的评判或许还很稚嫩，他们的自评和互评常常达不到期待的效果而流于形式。此外，个人情感、喜好问题也会影响评价。当评价到自己的朋友时，学生们倾向于赞赏，而对于关系不好的同学，学生的评价则要尖锐得多。即使是教师评价，也难以避免个人情感倾向，例如，对于喜欢的孩子，教师们的肯定和鼓励自然比较多；而表现不佳的学生，则很难获得肯定。语文综合性学习评价中的这些主观性的干扰因素往往直接导致了对孩子们评价的客观性、公平性的缺失，评价带给学生的不是学习的喜悦和收获，而是内心的不平和心灵的创伤。这与语文综合性学习的目标背道而驰了。

（二）纸笔考试难以驾驭关于综合性学习的测评

首先，用纸笔方式对综合性学习进行学业评价与综合性学习的基本精神是相悖的。

在综合性学习中，能全面反映学生的"档案袋成长记录"评价等非量化手法，尽管一些学生比较喜欢，但很多教师却倾向于使用笔试及"分数等级"评价的方法，这势必影响综合性学习的全面实施。

综合性学习作为语文学习的一种方式，其一切的学习目标必须通过活动也只有通过活动才能得到体验与应用，在体验与应用的基础上逐步实现。但凡活动就必须有过程，不存在没有过程的综合性学习，试卷上不可能呈现实际的过程，试卷中所虚拟的情景或过程，与综合性学习的实际活动过程相去甚远，结果往往是题目花哨，而实际仍然是考查语文基础能力的综合性学习考试题型。

语文试卷中的综合性学习笔试，实质上侧重的是对学习结果的评价，这与综合性学习侧重于学习过程和体验有着本质的不同，它试图通过学习结果的评价来代替整个学习过程的考查，实际上是一种越俎代庖的行为。综合性学习是一种实践性很强的学习活动，但凡活动就必须有过程，不存在没有过程的综合性学习，"过程"是综合性学习的"生命"。可是，"过程"不能复制，考试试卷上不可能呈现实际的过程，试卷中所虚拟的情景或过程，与综合性学习的实际活动过程相去甚远。活动的过程、体验不是几条文字化的试题和固定化、量化的答案就能检测到的，它的评价也必须是过程化的、形成性的。

其次，目前综合性学习的试卷命题存在诸多缺陷，并不能达到综合考查的目的。

一是贴标签。主要体现为命题内容无法凸显综合性学习的要点，挂着综合性学习的旗号，实则是考核语文知识或其他学科知识，缺乏综合性学习应有的方式和特点。一些学校对语文综合性学习的评价存在着明显的知识本位观，过分看重学生在活动中获得了多少知识、得出了什么结论，忽略了对活动的过程和方法的指导，忽略了学生在活动中的体验，忽略了活动对情感、态度、价值观的引导。

例如，有的命题点仍是知识性问题，如"某剧院前贴出一张海报，上写'豹子头刊金印后，野猪林伏酒家前'。据此，可猜测这场戏与《水浒》中（　　）和（　　）两位英雄有关（请填写人名）"。

又如："卫生部通报，截至10月30日，我国内地累计报告44 981例甲型H1N1流感确诊病例，已治愈33 184例。重症病例累计82例，已治愈29例，死亡6例。卫生部部长陈竺说，进入10月份以来，全国重症病例不断增加，疫情形势相当严峻。根据全国流感监测网络的监测数据，甲型H1N1

阳性标本占所有流感阳性标本的比例已高达70%多。这表明，甲型H1N1流感病毒在我国已广泛扎根，并且成为流感病毒中的主导病毒。学生会想提高大家对甲型H1N1流感的防控意识，在'三言两语出主意'的专栏里要求写出你对甲型H1N1流感的防控措施。（北京市第156中2009年初三试题）"

　　这一试题试图将语文试题与生活相联系，发挥学生的创造力和想象力，但目的要求却在某种程度上偏离了语文学科的考查目标，难以有效地考查学生的语文能力。

　　二是过于虚拟化。观察实验型、阅读探究型、模拟体验型、专题活动型都是常用的关于综合性学习的考核形式。但是由于笔试的先天局限性，观察实验型、模拟体验型等活动很难在试卷中得到运用，因此命题的类型主要是专题活动型。试题中所说的活动只是"假如"，是一个根本不存在或相当部分不存在的综合性学习。这些命题中的活动几乎都是一种纯假想性的活动，这种在头脑中想象的活动和学生实际参与的综合性学习活动是不一样的，学生并不是在真实的活动中运用语文，学生回答这类问题只能凭空想象，用想象将活动可能得到的体验和收获在试卷上形成文字，做题的过程充其量只是完成一个虚拟游戏的过程。脱离实践靠假想"获得"的体验，其真实程度和价值可想而知。并且，综合性学习成果的呈现方式是多种多样的，如口头表达方式、表演方式、视听方式、图文方式等。而绝大多数试卷都以图文形式来考查，让学生用书面的形式写下活动的结果。综合性学习题有必要为学生营造真实、生活化的语境，让学生说真话、说心里话，并且有话可说，有话想说。例如，借鉴2014年春晚小品《扶不扶》而设计的一道题："某中学举行辩论赛，正方的观点是'扶起老人'，反方的观点是'不扶老人'。请选择一个观点并陈述理由。"

　　三是考核范围空泛化。有的命题要求学生写出详细的活动过程，如："走进家乡名胜古迹：假如在这次活动中你被选为'走进家乡名胜古迹'活动小组的组长，要带领全组同学编一本反映家乡风光的读本，你计划怎样完成这个任务？请写出你们小组的主要活动过程，并给这个读本拟一个新颖、恰当的书名。"这样的命题将综合性学习的手段——活动作为考查的目标，而将综合性学习的目的——语文能力丢弃在一旁，这种本末倒置的做法实际上是对语文综合性学习的形式主义和机械主义的理解，实不可取。

　　此外，综合性学习是一项个性化非常鲜明的学习活动，不同学校、不同班级所进行的综合性学习的活动内容是不同的，同一项活动不同学生的活动过程也是不一致的。可是，试卷中硬性规定的活动主题和样式，把本来生动活泼、形式多样的综合性学习变成了同一形式、同一内容的硬性规定。

当然，在试卷中考查综合性学习，其中含有命题人的许多无奈和良苦用心。凡考试不涉及的教学内容，其教学大都走向没落，这是现实，所以命题人想借助"指挥棒"，引导一线教师重视综合性学习的教学，稳定综合性学习应有的教学地位。这种想法不错，应该说也是有一定的效果，可是值得关注的是：目前很多杂志、资料上开始出现了综合性学习的强化训练题，把本来应该有实际过程的综合性学习变成了做题，做题成了应对考核综合性学习的捷径。综合性学习的纸笔考查应当避免这一弊端，例如，在试卷中搭建一个平台，围绕某个主题呈现综合性的内容，用多种方式考查多种能力。

学习反思：在综合性学习评价中，你最常用的评价方式是哪些？你认为综合性学习评价的最大干扰是什么？

第三节　基于语文课程的综合性学习的评价策略

一、综合性学习活动过程的评价操作

（一）评价的准备阶段

首先要动员全体成员。综合性学习评价的参与者有教师、学生（个人和小组成员）和活动可能涉及的其他社会成员。要使这些人都能较有效地对一次综合性学习做出评价，必须使全体评价者充分认识到自己在评价中的角色和本次综合性学习要完成的任务。因此，活动开展前，有必要集中全体人员，请教师讲明活动的一些基本要求，同时小组成员要选代表把本组的活动计划和要达到的目标陈述清楚。在此基础上，为了使校外的评价者对综合性学习有明确认识，可以请有经验的教师或专家给他们集中讲授，让他们明确综合性学习是一种以学生活动为主的、以学生问题解决能力的培养为重心的课程形态。接下来要对综合性学习评价项目做说明，使全体人员掌握每个阶段的评价重点，如开始阶段主要考查学生的语言能力和元认知能力，活动中主要考查学生的问题解决能力和方法性知识的运用能力，活动结束后主要考查学生的语言能力、情感态度等非认知因素的发展状况，还有自我反思能力。

其次是制定每次活动的评价工具。评价工具是收集资料的直接依据和手段，是评价有效实施的前提保证。如果没有现成的工具可用，教师要和学生商讨共同设计适用的工具，其中最常用的是评价表。评价表多用表格和项目清单的形式。其中的条目要全面体现课程改革的理念，反映对知识与能力、过程与方法、情感态度与价值观的评价，体现出评价以学生发展为本的特点，如主体的多元性、过程性评价与终结性评价结合。评价表还要突出当次活动主要发展的学生的智能类型、规定评价报告完成的时间和应当达到的标准。教师的评价要掌握全局，发挥一定的指导作用，同时，由于教师不可能跟随学生活动的始终，所以教师运用的评价表要体现一种整体性。

（二）评价的实施过程

1. 学生自评

第一，自我描述法，即学生对自己所开展的综合性学习过程进行描述，并分析得失，做出评判。在语文学习过程中，学生在积累知识、形成能力的同时，还伴随着情感体验和人格建构。学生自己自由地吐露心声，大胆地展示自己独特的个性和活力。比如，针对自己搜集、分析、整理、利用资料的能力这一方面，自己的观察能力怎么样，查找资料的途径是什么；自己整理资料时是否将信息正确归类，是否恰当运用了这些信息；自己对自己查找的信息的评价是否真实，通过对资料的整理能否得出自己的观点；自己是否愿意与他人分享、交流这些信息等。自我描述可以是口头总结，也可以是书面总结报告。

第二，自我记等，即学生对照一定的评价内容标准，就综合性学习过程和成果划分出等级或分数。比如针对语文能力的"写"方面，自己的书写是否整洁规范；用文字展示信息资料或者自己的观点想法时是否条理清晰、逻辑性强；语言是否简洁、准确。如果答案都是肯定的，那么就可以给自己评上"优"。

课例 5-3

"到民间采风去"（人教版语文八年级下册第四单元）探究活动学生自评操作

资料来源：廖平梦，王超. 语文综合性学习评价的原则与具体操作 [J]. 文史博览（理论），2010（6）：79-81.

1. 开题活动，重在发现问题、确定主题

开题阶段要引导学生从生活中发现问题，确定自己的研究主题，激发学生的探究兴趣，让学生积极地参与到实践活动中来。开题活动的评价主要从活动主题、活动项目的意义、学生在主题或项目选择和确定中的作用、学生制定活动方案的能力等方面进行。

表5-3 "到民间采风去"（人教版语文八年级下册第四单元）开题活动评价表
（说明：在相应的等级处打√，教师在后面适当点评）

评价内容	评分等级				教师评语
立题科学实用（12分）	12	9	6	3	
立题切实可行（10分）	10	8	6	4	
活动计划完整（12分）	12	9	6	3	
计划进度适当（10分）	10	8	6	4	
任务分工明确（10分）	10	8	6	4	
活动形式合理（10分）	10	8	6	4	
解决方法恰当（12分）	12	9	6	3	
预期成果合适（8分）	8	6	4	2	
报告陈述清楚（8分）	8	6	4	2	
小组合作协调（8分）	8	6	4	2	
综合评价（报告是否通过，提供修改意见）					
总得分		评价等级		评价人	

2. 活动过程，考核参与表现，多元评价

评价学生在活动过程中的具体行为，如行为的合理性、行为方式的多样性、具体的操作方式、参与实际情境的深度、文献资料、具体事实材料的搜集情况等。活动过程中学生的态度、情感发展，主要涉及行为所反映的情感、态度和价值观的发展状况。包括：学生参与活动的主动性、积极性和创造性，学生在活动中的合作精神，学生各种良好思想意识的发展状况，如团队合作精神、社会责任感、服务意识、安全意识、效率意识等。此外，在综合性学习过程中，可让家长和社区参与对学生的评价。

表 5-4 "到民间采风去"(人教版语文八年级下册第四单元)活动过程评价表
(说明:满分为 100 分,90~100 分为优秀,75~89 分为良好,60~75 分为合格)

评价	评价内容	评价细则	自评	小组互评	教师评价
态度情感	参与	1. 积极参加语文学习和实践活动,努力完成任务(5分)			
	养成	2. 学习认真,有良好的语文学习习惯(10分)			
	体验	3. 愿意并能够自如地用语文表达自己的学习、生活体验(10分)			
过程方法	自主	4. 能选择合适的学习方法,主动进行独立学习(5分) 5. 能够自主地在图书室、网上等查阅资料(5分) 6. 能够主动用座谈、访谈和问卷调查等方法开展活动(5分)			
	探究	7. 能进行探究性学习,尝试探索适合自己的学习方法(10分) 8. 通过完成活动任务,逐渐悟出怎样才能做好的窍门(10分)			
	合作	9. 能与他人共同学习、交流(10分) 10. 在访问中能用恰当的语言使被访者乐于与自己交谈(10分)			
知识能力	发现问题解决问题	11. 能提出学习和生活中的问题,有目的地搜集资料,共同讨论(5分) 12. 能运用语文知识和能力解决生活中的实际问题(10分) 13. 通过完成活动任务,综合实践能力得到提高,更有信心从事其他活动(5分)			
教师寄语			综合得分		评价等级

3. 成果展示，内容丰富多彩，形式多样

学生开展一个活动，最后的活动成果以什么方式来呈现、表达，存在多种可能性。课程是生活世界的有机构成，而不是孤立于生活世界之外的抽象存在；学习者是自己课程的主体，而不是别人提供的课程的被动接受者；每一个人的学习方式都是其独特个性的体现，课程应尊重每一个人的学习方式的独特性；分等划类的考试等量化评价方式不是课程评价的唯一形式或最好形式，质性评价更能体现人发展的特殊性；个性健全发展是课程的根本目的。所以教师要对学生进行必要的指导，帮助学生选择恰当的呈现方式。展示交流既是对学生在语文综合性学习中的各种表现和活动产品（如研究报告、手抄报、主题演讲等）作一个小结，同时也是一种师生之间、学生同伴之间共同学习和交流的机会，是学生学会发现自我、欣赏别人的过程。

表5-5 "到民间采风去"（人教版语文八年级下册第四单元）成果展示评价表

	评价内容	分值	小组自评	教师评价
研究成果评价	是否形成研究成果	10		
	成果涉及问题的广度和深度	15		
	研究成果的可信度和创意	10		
	研究成果是否体现了语文学习能力	15		
	研究报告或论文的格式是否符合要求	15		
成果展示与交流评价	材料是否齐全	10		
	展示的手段是否多样化	5		
	课题研究成果陈述时的条理性、科学性如何	5		
	质询中的应答能力、答辩中的精神状态、小组合作程度	5		
	是否能积极观赏、听讲，虚心地向他人学习	5		
	是否能虚心听取他人的评价并中肯地评价他人	5		
等级		合计	100	

综合以上各部分的评价，得出学生个人的最后得分：

最后得分 = 开题评价成绩×20% + 过程评价成绩×50% + 结题评价成绩×30%。

2. 学生间相互评价

语文综合性学习强调合作和交流，其开展的方式是以小组合作探究的形式，小组成员对综合性学习活动的各个环节比较熟悉，了解同学之间的长处和不足，了解小组成员在各个环节的具体表现，甚至对同学间所发生的某些细微内部活动和变化，也有一定程度的了解，所以学生之间的相互评价更具客观性。学生之间相互评价，既促进了小组成员合作学习，也使每个学生看到他人的优势，反思自己的不足，从而拓展评价的空间。此外，学生之间的相互评价，也可以修正教师的评价结论。

学生之间相互评价过程需要创造一种开放的环境，在平等的氛围中展开评价，体现出彼此间的关怀、理解与尊重。创造民主氛围，鼓励大家参与讨论，这样有利于澄清一些不清楚的问题，共同找出答案，有助于大家对评价结果的认同和反思。诚然，学生相互评价必定会带来多种价值观的交织、碰撞，但是同学们正是在这种交织、碰撞中醒悟、领会并最终得出正确的价值判断。教师可以旁听他们的总结评价，需要的时候给予指导。家长、社区人员等参与综合性学习的相关人员，要在活动开展过程中及时进行评价，最好是在学生到校外调查研究结束后就让相关人员评价。

3. 其他参与人员的评价

综合性学习是开放的，凡是参与综合性学习活动的其他校外人员也应该是评价的主体，这样更显评价的真实性。家长和其他人员的评价进一步拓宽了语文学习的外延，开阔了自我评价者的语文视野。语文作为承载民族文化的一门课程，它的学习范围必定要延伸到家庭和社会的方方面面。综合性学习就是扩大了语文学习的范围。涉及语文综合性学习活动的其他校外人员，他们以其特有的视角为自我评价者提供了一个侧面标准。于是，自我评价者在一种立体的他评的氛围中实现了主体性的调整。

4. 教师评价

教师评价主要采取话语评定、书面评定、等级评定或分数评定三种方式。

话语评定主要是在日常的综合性学习活动过程中，教师对学生的活动表现及成果展示给予的言语性意见或建议，当然，也包括学生自评及互评过程中教师的肯定性话语和引导。在这一过程中，教师既是整个活动的推进者，又是学生学习活动的合作者。在与学生的对话过程中，教师注重引导而不是主导。师生对话中，师生地位是平等的，内容是双向的，学生不仅向教师提供评价的有关信息内容，也可对教师的评价进行质疑甚至反驳，提出自己的不同意见，充分表达自己的思想，给出书面评语。由于话语评定是直接指向评价对象的，不恰当的话语评定会立即引起学生的抵触甚至反驳，因此教师在对学生进行话语评定时一定应注意话语技巧。

书面评定没有固定的格式要求，主要针对学生的个性特点，以鼓励、肯定的原则为主。教师应当保持理性客观的态度，充分肯定学生的优点和进步，也要点明学生有待完善和改进之处，让学生从教师细心的书面评定中感觉到教师的关注，体会到教师的期待，这将会转化为他们学习的动力。书面评价的重点在于：综合性学习中的合作态度和参与程度；能否在活动中主动地发现问题和探究问题；能否积极地为解决问题搜集信息和整理资料；能否根据占有的材料形成自己的看法。书面评定切忌评价话语雷同空洞，缺乏针对性的评定是收不到促进学生成长的作用的。

等级评定或分数评定要求教师根据学生综合性学习全过程的表现及发展状况，依照一定的评价内容标准，比照其他学生，然后给予每一个学生一个确定的等级或分数。等级可分为优、良、及格和不及格四等，分数可采取学分制或百分制。值得注意的是，在选择等级或分数评价时一定要有批语伴随，不能只给一个等级或一个分数。

【样例】人教版四年级下册"走进田园，热爱乡村"活动评价

学生姓名：陈瑜　　　活动表现评价等级：合格

陈瑜同学能按照要求参加活动，虽然主动性不够但能和同学合作。在学习种植蔬菜过程中，小瑜常常依赖别人，需要别人帮助才能完成，请相信自己能独立完成，你有这个能力！在烤红薯的过程中，对于自己的份内活缺少耐心，但还是能协助小组完成任务。活动后写的作文表现出对乡村生活的喜爱，如果你能再耐心一些把自己的所见所感表达出来，想必内容会比较精彩。

学生姓名：王斐乐　　　活动表现评价等级：优秀

斐乐同学参与田园活动态度非常积极，而且所知道的田园知识也比较丰富。在活动中拍摄了田园风光照片（附件1）。学习种植玉米的时候，斐乐主动向经验丰富的农民伯伯请教相关农业知识，如玉米怎么养护、什么时候施肥。斐乐自己学会了种植的方法，还帮助别的同学种玉米。活动后写的作文表达了对乡村生活的热爱之情，文章语句通顺，书写整洁。让人惊喜的是，斐乐还编写了有关田园生活的小报，内容比较丰富。

（三）评价结束，整理档案袋

总结、反思活动过程及方法，形成学习成果。将教师的总结性评语、校外情况表现的评价、个人及同学间的相互评价意见总结放入档案袋，通过整理档案袋使学生对整个学习活动有个清楚的认识。

二、综合性学习考核试题的操作

当前，各地中考语文试卷关于综合实践活动类的板块设置注意突破以往的弊端（如过于关注孤立的语文知识和能力的考查，而忽视了语文与生活的联系），各地区综合性学习考试充分而有效地改变了旧有考试的诸多弊端，越来越与实践、生活接轨。

摘录考核题目如下。

（1）贴近学生日常学习生活："你班组织毕业晚会活动。根据节目表，合唱《让我们荡起双桨》，之后是舞蹈《友谊地久天长》，请你为连接这两个节目写几句串台词。"（安徽省2005年课改区中考题）

（2）追踪时事热点，关注大众生活："连战、宋楚瑜近期访问大陆的活动给一度陷入僵局的两岸关系带来了生机。请用陆游《游山西村》中的诗句描述这个可喜的转变。"（海南省2005年中考题）

（3）体现地域特色："为扩大我县的知名度，县委、县政府决定在中央电视台播放宣传广告。请你结合我县的优势资源，拟一条宣传广告。"（山西曲沃、阳城2005年中考题）

以上几例，姑且不论题目质量与形式的高低优劣，仅从试题与生活的联系来看，这样的试题取材于生活，让我们觉得语文并不遥远、并不高深，它就在我们的身边。这类综合性学习试题对学生认识语文的作用以及增加学习语文的兴趣都有非常重要的作用。

设计综合性学习试题要考虑下面几个问题。

首先，综合性学习考试必须明确所要考查的核心是什么。综合性学习是在活动中完成的，综合性学习考查的重点是学生在活动过程中的语文能力和语文素养。综合性学习试题的命制应当重视对活动的设计，要考虑活动过程的内容呈现方式，即活动一定要由几部分组成，各部分之间承接要顺畅，要能落实综合性学习基本考点。综合性学习的卷面考试不可能考查学生的合作态度和参与程度，也不可能考查学生搜集信息的能力，但是可以根据提供给学生的材料，考查学生分析信息、发现问题和解决问题的能力，考查学生语文知识和能力的综合运用，进而窥探出学生的探究意识和创新精神，这是综合性学习考试应把握的方向。例如，可以将综合性学习考题调整为"语用题"，考查点应该是学生在实践活动中运用言语形式的能力，更能培养学生透过生活现象分析并解决问题的能力。

其次，综合性学习的突出特征是"综合"性，因而，要考虑试题的综合性，包括语文知识的综合运用、语文能力的综合表现，相关学科知识和能力与语文学科知识、能力的融合沟通。这里的"综合",一是指思维层面的综合,即认识问题、分析问题、解决问题的综合。具体来说,就是能够从试题提示的活动中产生自己的认识,对活动中产生的问题进行分析,在活动中能够取得自己预期的结果。二是指能力层面的综合,即搜集、处理和交流信息等能力的综合。具体来说,就是能够借助试题提示的活动,考查学生的语文综合能力,主要是评价其发现语文学习问题、分析与解决语文学习问题的能力,具体包括选择语文研究题目的能力、搜集信息和整理资料的信息处理能力、提出独立的语文学习见解或假设的能力、综合运用各学科知识的能力、展示语文学习成果的动手操作能力和语言表达能力、参与活动的程度与合作的交际能力。至于自主、合作等学习方式,在考场的时空范围内只能以学生的自主学习为主。

课例 5-4

4月23日是"世界读书日",班里在这天举办关于读书的班会。班会的主题是"读书与成功"。请你按要求完成以下任务。

(1)为营造活动气氛,教室里需要张贴一副对联。请你从下面所给的对联中选择一副贴在教室黑板的两侧,并简要说明你选择的理由。

①书山有路勤为径,学海无涯苦作舟。
②鸟欲高飞先振翅,人求上进多读书。
③世间唯有读书好,天下无如吃饭难。

(2)同学李明在班会上作"读书带给我的收获"的主题演讲。他的演讲涉及以下三则材料。在认真听了他的发言后,同学们发现有一则材料不符合他演讲的主题要求,请你提出来,并说明不符合的理由。

材料一:现在常听人说"多读杰作,学取技巧",这话是不错的,但倘使他读杰作的时候,心里总惦记着"快学技巧呀",他在杰作的字里行间时时都发生"这是不是技巧"的问号,那他绝学不到什么技巧。

材料二:那些有学问且对我有用处的书,我用吃橄榄的办法阅读,反复咀嚼,徐徐品味;那些有学问然而对我用处不大的书,我用吃甘蔗的办法阅读,啜其甜汁,吐其渣滓。

材料三:最近,东方图书市场内各类包装精美的高价图书特别畅销,不少人是为送给亲戚朋友而买的。对此现象,有关学者认为,将包装精美的图书作为礼品送给别人,虽然从某种程度上体现了人们对文化的重视,但如果仅限于此,就会流于形式,导致读书浮夸风气的蔓延。

(3)在听了同学们的发言后,你对"读书与成功"有了怎样的认识?请把你的认识写下来。

（4）在活动即将结束时，班长要求每位同学说一句读书使自己获益的话。你想说的话是_____。

（5）活动结束后，班长让你将同学们的留言编辑成册，并为这个册子起一个四个字的名字，你想起的名字是_____。

▶ 评析

这组试题表现出如下特点：

第一，有一个共同的活动主题——"世界读书日"。命题者围绕这个活动主题，要求学生以个体学习的方式完成几项活动任务。特别值得关注的是，命题者为学生完成活动提供了现成的材料，要求所有学生在分析现有材料的基础上完成任务，这一方面为学生完成上述几项活动任务提供了事实基础，又为所有学生完成这几项任务设定了同一个活动背景、同一条"起跑线"。这实际上是为学生搭建一个综合性学习的现实平台，考场成了学生进行综合性学习活动的现场，学生完成答题的过程成了一个即时性综合性学习活动过程。

第二，实现了笔试环境下的综合考查目标。学生要完成这组试题，必然要对提供的材料进行分析，提取信息，分析信息，整理归纳信息，进而适当地表达运用信息，学生完成试题的过程是一个解决问题的过程，是综合运用、分析、整理信息的能力和语言表达能力的过程，这在一定程度上实现了综合考查学生能力的目标。

学习反思：搜集近五年中考语文试卷中关于综合性学习的考题，分析综合性考评的主要内容、方式，并访谈师生关于考核的看法。

本 章 小 结

综合性学习评价是在客观描述综合性学习活动的基础上，对综合性学习活动满足学生发展需要的程度做出的判断。

基于语文课程的综合性学习评价的原则：发展性原则、过程性原则、开放性原则。

综合性学习的学业评价方式主要有试卷考核、档案评价、轶事评价、教师评价、小组互评。

▶ **思考与练习**

1. 你认为开展综合性学习与考试矛盾吗？请说出你的理由。
2. 试对以下综合性学习设计进行评价。

"戏曲大舞台"教学活动设计

（一）指导搜集材料
（1）活动安排：让学生明确整个活动的目的、要求。
（2）学生通过搜集资料、调查、访谈等手段搜集有关中国传统戏曲。
（3）分组，选定负责人，制订活动计划，安排课外活动时间。
（4）教师帮助学生设计好活动的方案，给学生分配好各自任务，教给学生搜集材料的具体方法。
（二）戏曲知识漫谈
（1）各抒己见话戏剧。
（2）名段赏析。
（三）戏曲知识竞赛
进行小组知识竞赛。
（1）小组必答题。
（2）选答题。
（四）南腔北调唱戏剧
学生准备背景音乐、道具等，演唱自己喜爱的戏曲。选出表现最突出的学生，表扬并加活动分。

▶ **阅读链接**

1. 申宣成. 表现性评价在语文综合性学习中的应用［D］. 上海：华东师范大学，2011.
2. 邢胜. 新课程改革下学生档案袋评价研究：义务教育中学化学学习档案袋评价实证性研究［D］. 南京：南京师范大学，2005.
3. 国家基础教育课程改革"促进教师发展与学生成长的评价研究"项目组. 成长记录袋的基本原理与应用［M］. 西安：陕西师范大学出版社，2002.
4. 靳彤. 综合性学习多元评价方案、策略与原则［J］. 语文建设，2007（7）：126－128.
5. 蒋红森. 一种值得关注的综合性学习考查样式［J］. 语文建设，2009（10）：20－21.

参 考 文 献

[1] 郭元祥. 综合实践活动课程设计与实施［M］. 北京：首都师范大学出版社，2001.
[2] 熊梅. 当代综合课程的新范式：综合性学习的理论和实践［M］. 北京：教育科学出版社，2001.
[3] 孙和平. 语文综合性学习活动设计与实施：七年级［M］. 上海：上海交通大学出版社，2003.
[4] 黄伟，陈尚达. 语文综合性学习研究与教学设计［M］. 南宁：广西教育出版社，2004.
[5] 靳彤. 语文综合性学习：理论与实践［M］. 北京：中国社会科学出版社，2007.
[6] 陈怀朗. 初中语文综合性学习教学设计［M］. 北京：语文出版社，2007.
[7] 包建新. 语文综合性学习案例教学论［M］. 杭州：浙江大学出版社，2012.
[8] 张传燧. 综合实践活动课程论［M］. 广州：广东教育出版社，2005.
[9] 盛群力，郑淑贞. 合作学习设计［M］. 杭州：浙江教育出版社，2006.
[10] 郑国民. 新世纪语文课程改革研究［M］. 北京：北京师范大学出版社，2003.
[11] 佐藤学. 静悄悄的革命：创造活动、合作、反思的综合学习课程［M］. 李季湄，译. 长春：长春出版社，2003.
[12] 洪宗礼，柳士镇，倪文锦. 母语教材研究（第五卷）：外国语文课程教材综合评介［M］. 南京：江苏教育出版社，2007.
[13] 张华. 关于综合课程的若干理论问题［J］. 教育理论与实践，2001（6）.
[14] 郑国民，冯伟光，沈帼威. 语文综合性学习的理论基础与基本特征［J］. 语文建设，2002（4）：4－5.
[15] 韦健. 解读语文课程标准中的"综合性学习"［J］. 教学与管理，2003（23）：50－52.

［16］周春波．语文综合性学习概念的层级含义［J］．现代语文，2014（1）：107－109．

［17］魏淑芳．语文综合性学习理论探讨［J］．襄樊职业技术学院学报，2004（2）：77－79．

［18］巢宗祺．语文综合性学习的价值与目标定位［J］．人民教育，2005（5）：24－28．

［19］孙菊霞．由"语文综合性学习"这一概念引起的思考［J］．云南教师：中学教师，2007（3）：18－20．

［20］靳彤．语文综合性学习再认识［J］．课程·教材·教法，2008（10）：33－37．

［21］乐中保，彭德山．找准综合的点 守住语文的线：语文综合性学习中"综合"与"语文"的应然关系［J］．内蒙古师范大学学报（教育科学版），2007，20（10）：116－118．

［22］郭根福．试论语文综合性学习的有效教学策略［J］．课程·教材·教法，2003（3）：52－56．

［23］陈尚达．语文综合性学习的教材设计特征及问题：以人教版初中语文课程标准实验教科书为例［J］．教育科学研究，2005（11）：44－47．

［24］黄珞珈．初中语文"综合性学习"目标的认识及尝试［J］．语文教学与研究，2003（1）：14－16．

［25］李海林．活动量、活动对象和活动成果的语文性：对一个语文综合性学习的案例分析［J］．语文教学通讯·初中刊，2006（9）：7－9．

［26］聂鸿飞．固本扶正：综合性学习中怎样把握语文因素［J］．语文建设，2004（10）：18－19．

［27］余虹．中英语文教材关于综合性学习的比较研究：以《牛津英语教程》的"荒岛探险"与人教版的"感受自然"为例［J］．语文建设，2009（11）：11－16．

［28］申宣成．中英母语教科书综合性学习设计之比较：以英国《英语技能》和我国4套教科书为例［J］．当代教育科学，2011（2）：32－34．

［29］靳彤．综合性学习多元评价方案、策略与原则［J］．语文建设，2007（7）：126－128．

［30］霍素君，许建中．语文综合性学习与指导策略［J］．中国教育学刊，2009（6）：65－67．

［31］李雁冰．质性课程评价：从理论到实践（一）［J］．上海教育，2001（11）：39－41．

[32] 钟晨音. "语文综合性学习"的评价方法[J]. 当代教育科学, 2003 (12): 43-44.

[33] 詹德全. 谈"语文综合性学习"的评价[J]. 厦门城市职业学院学报, 2006, 8 (4): 41-42.

[34] 沈建军. 走出综合性学习测试的五大误区[J]. 中学语文教学参考, 2015 (14): 70-72.

[35] 孔波. 语文综合性学习的评价特点[J]. 教学与管理, 2004 (20): 48-49.

[36] 李霞. 小学语文综合性学习研究[D]. 长春: 东北师范大学, 2005.

[37] 孙银琼. 语文综合性学习研究[D]. 桂林: 广西师范大学, 2005.

[38] 任小平. 苏教版国标本初中《语文》综合性学习设计及其教学现状研究[D]. 南京: 南京师范大学, 2007.

[39] 张汀兰. 语文综合性学习的评价研究[D]. 重庆: 重庆师范大学, 2008.

[40] 牛序芹. 高中语文综合性学习研究[D]. 曲阜: 曲阜师范大学, 2009.

[41] 王桂仙. 初中语文综合性学习的实施方式研究[D]. 北京: 首都师范大学, 2009.

[42] 申宣成. 表现性评价在语文综合性学习中的应用[D]. 上海: 华东师范大学, 2011.

[43] 喻娟. 中英初中语文教材综合性学习的比较研究: 以《牛津英语教程》"新闻活动小试"和人教版"关注我们的社区"为例[D]. 成都: 四川师范大学, 2014.

[44] 陈琴. 小学语文教科书综合性学习板块的编制研究: 以人教版、苏教版、北师大版为例[D]. 上海: 上海师范大学, 2014.